KB179576

장경진, 당신의 사랑이 있었기에 지금의

박순화가 있습니다.

사랑합니다, 감사합니다, 존경합니다!

HUNDRED

핵심 행동 100번의 힘

헌드레드

HUNDRED

핵심 행동 100번의 힘

헌드레드

돈블리 박순화 지음

100

속공 아닌 정공법으로 다가가는 돈블리처럼

2021년 11월 새벽에 날아온 DM!

제가 쓴 《영향력을 돈으로 만드는 기술》처럼 책을 쓰고 싶다며, 저를 꼭 만나야겠다며 컨설팅을 묻는 돈블리. 남다르다 생각했어요. 안 만나주면 그곳이 어디든 당장이라도 달려올 것만 같은 열정과 패기가 짧게 주고받는 메시지 안에서도 확연히 느껴질 정도였으니까요. 너무 궁금했습니다. 직접 만나서 어떤 눈빛을 가진 사람인지 알고 싶었죠.

저는 성공으로 나아가기 위한 요소로 '요구', '독서', '체력' 세 가지를 꼽는데요.

첫 번째로, 돈블리는 제게 느닷없는 만남과 자신에게 필요한 도움이 무엇인지 구체적으로 요구할 줄 아는 사람이었어요. 그리고 '당신은 내게 필요한 도움을 줄 수 있는 사람입니다. 당신을 믿습니다.'라는 강력한 어필이 제게 '당신은 그만큼 가치 있는 사람이며, 세상에 꼭 필요한 사람입니다.'라고 말해주는 것 같았습니다. 그런 믿음과 진정성이 전해져 더 잘해주고 싶고, 더 도와주고 싶게 만들더라고요. 왜 사람들이 돈블리와 함께하고 싶어 하는지가 여기에 담겨 있다고 생각합니다.

두 번째로, 돈블리는 책을 참 좋아하는 사람입니다. 극단적 미니멀리스트로, 원하기만 하면 언제든 어디로든 떠날 수 있을 만큼의 단출한 살림으로 살아가지만, 책만은 늘 곁에 두고 살아왔습니다. 책을 다 읽고 책장을 덮는 순간이 끝이 아니라 그때부터 시작해 책대로 행하며, 그 글을 쓴 저자가 궁금하다면 주저하지 않고 찾아가 자신이 품은 질문의 답을 기필코 찾아내는 사람입니다. 그러한 실행력과 호기심이 있었기에 지금의 모습으로 성장해 나갈 수 있었겠죠.

세 번째로, 돈블리는 참 건강한 사람입니다. 루틴이 있는 삶과 요가수련을 통해 자신의 몸과 마음을 늘 건강하게 유지하며, 아름답게 가꿀 줄 아는 사람입니다. 언제나 긍정의 언어와 눈빛을 주고받고, 자신의 기운을 플러스 에너지로 만들기 위해 집중하는 사람입니다. 사람들이 돈블리에게 느끼는 것은 바로 '밝음'일 거예요. 원래 밝아서, 좋은 조건에, 좋은 환경에서 자라서가 아닌 '내가 선택한 밝음'이기에 더 귀합니다. 스스로 빛나기로 선택한 사람이죠. 그리고 빛나는 사람을 늘 찾아나서는 사람입니다. 빛은 모이면 더 환하고 강력해지니까요.

제가 이 책을 추천하는 이유는 가장 가까이에서 책이 나오는 전 과정을 지켜본 사람으로, 이 책에 돈블리가 얼마나 많은 진심과 노력을 담았는지를 알기 때문이고, 열심히, 성실하게, 최선을 다해, 진심으로, 바르게 살아도 성공의 길로 나아갈 수 있다는 사실을 증명해주는 돈블리의 책이기 때문입니다.

속공이 아니라 정공법으로 다가가도 그 길과 목적이 명확하다면 반드시 답으로 이어진다는 것, '방향이 정해진 노력'은 반드시 보답한다는 것을 이 책을 통해 배울 수 있습니다. 이 책에서 보여주는 삶의 태도, 돈블리가 결과를 만들어낸 핵심 행동 100번의 노하우를 꼭 실행해보세요. 여러분의 삶이 생각한 대로 현실이 될 테니까요.

Think & Do!

휴먼브랜딩 전문기업 사람북닷컴 대표

생각대로사는여자 **박제인**

사람북닷컴 대표
쓴 책 《영향력을 돈으로 만드는 기술》

베스트셀러 저자이자 퍼스널브랜딩 전문가, 강사, 가수이다. 블로그와 카페에서 다양한 상품의 공동구매를 성공시키며 2012년 노트북 한 대로 창업해 억대 연봉을 벌고 있는 그녀는 마이크로 인플루언서가 자기만의 카테고리에서 영향력을 펼칠 수 있는 법, 광고비 한 푼 들이지 않고 브랜딩과 마케팅을 할 수 있는 법을 알려주고 있다.

지금 행동하고 있는가?

누구나의 삶이 그렇듯 인생은 예측할 수 없으며, 언제든 예상치 못한 변화와 도전에 직면하게 된다. 특히, 코로나 19 감염병은 서서히 변해 가던 기존의 직장과 직업에 대한 인식을 급격히 파괴했는데, 나 또한 그 변화의 물살에 휩쓸리고 말았다. 필라테스 강사라는 직업 자체를 이어갈 수 없게 된 것이다.

  살아남으려면 울고만 있을 수는 없었다. 정신 바짝 차리고 현실을 바라보아야 했다. 영어 입시학원 강사를 거쳐 필라테스 강사였던 나는 그 후 밥벌이를 위해 보험 설계사가 되었고, 인스타그램을 시작한 후에는 모델, 라이브커머스 쇼호스트, 인플루언서, MC, 퍼스널브랜딩 컨설팅, NFT 발행, 온라인 클래스 론칭 등 다양한 경험을 하면서 필요한 기술과 능력을 습득했다. 하루 24시간이 모자랄 만큼 각각의 현장에서 땀과 눈물, 정성을 쏟았다. 그리고 마침내 지금의 돈블리로 성장했다.

외국계 보험사 신상품 경진대회 전사 1위

맨즈헬스코리아 선정 MH Girl 1호 모델

한류인플루언서대상어워즈 콘텐츠 퍼포먼스 부문 대상

코트라 라이브커머스 판매대전 1위 & 공로상

서울 국제 주얼리 & 액세서리 라이브 판매대전 심사위원

코리아 뷰티 & 코스메틱 쇼 라이브 판매대전 심사위원

대한민국의정대상 글로벌브랜드대상 셀러인플루언서 임명

보험설계사 45만 명 대표로 빌드업 특별강연콘서트

그동안 돈블리가 받은 상과 선정 및 활동 사항, 강의 이력이다. 그 외 하루가 멀다 하고 진행하는 수많은 퍼스널브랜딩 강의는 일상이 되었다.

그렇다면 단순히 다양한 분야를 학습하고 경험하기만 했을까? 아니다. 그에 동반된 또 하나가 있다. 바로 '핵심 행동 100번 반복'이다.

다들 지금 기르고 싶은 능력, 닮고 싶은 사람, 되고 싶은 모습이 있지 않은가? 그 이상(理想)을 실현하려면 역량을 길러야 한다. 내 방법은 이랬다. 현재 수준이 80점이라면 81점이 되기 위한 행동을 '100번' 한다. 81점이 되면 또 82점이 되기 위한 행동을 '100번' 한다. 그렇게 100점에 가까워질 때까지 역량을 강화해 나간다.

간절하면 행동하게 된다. 물론이다. 꿈은 있는데 행동으로 이어지지 않는가? 그렇다면 간절히 원하는 게 아닐지도, 남의 꿈을 잠시 빌린 걸지도 모른다.

하지만 행동이 꼭 꿈을 전제로 하는 건 아니다. 나도 무슨 가슴 절절한, 어떤 원대한 꿈을 성취하려 도전하고 행동하지 않았다. 어차피 대통령 될 것도 아닌데, 내 삶만큼은 내 멋대로, 제대로 살아보자 싶었다. 그렇게 생겨난 호기심과 코로나19에 기인한 밥벌이로 다양한 일을 하게 되었고, 잘하고 싶은 마음에서 목표로 삼고 실천한 '핵심 행동 100번'이 막강한 힘을 발휘해 돈벌이로 이어진 것이다.

새로운 일에 대한 도전은 현대를 살아가는 우리들에

겐 숙명이다. 시작이 두렵고, 앞날이 막막했던 때 나는 행동을 시작했다. 그때의 나처럼 독자들도 행동했으면 좋겠다. '핵심 행동 100번의 힘'을 믿고 조금은 덜 불안하게 시작하고, 덜 외로워했으면 좋겠다.

지구는 행동하는 별이다. 모두가 행동함으로써 행복해지는 순간을 맞았으면 좋겠다!

돈블리 **박순화**

차례

PART 1

끊임없는

도
전
의

힘

PART 3

기회를 끌어당기는 힘

부록

퍼스널브랜딩,
인스타그램으로
시작하기

PART
1

끊임없는

도전의 힘

#가족
#고등학교
#삼수
#국문과과탑
#영어학원강사
#필라테스강사
#보험왕
#인스타인플루언서
#모델

열심히 사는 이유

"순화야, 놀라지 말고 들어."

2011년 어느 날, 여느 날과 다를 바 없이 등교를 준비하던 내게 새어머니가 조심스럽게 입을 뗐다. 마치 그 옛날 플랫폼에 선 기차가 경적을 울리며 출발을 알리듯 그렇게 한 가족의 불행이 시작되었다.

신새벽, 오빠의 교통사고 소식을 들은 아버지는 부모의 직감으로 이미 사태의 심각성을 눈치채고 목포의 한 병원으로 출발한 후였다. 아버지는 가는 내내 엄습해오는 불안감을 애써 무시하며 겨우겨우 운전대를 다잡고 오빠가 누워 있는 병원에 다다랐다고 한다.

새엄마에게 이야기는 들었으나 고등학생이던 나는

평소처럼 학교에 가는 것 말고는 딱히 뭘 어떻게 해야 할지 몰랐다. 그러던 중 쉬는 시간에 전화가 걸려왔다. 친엄마였다.

"지금 오빠가 죽어가는데 안 내려오고 뭐해!"

얼마나 울었는지, 무엇을 보았는지, 상황이 어떤지 구체적으로 표현하지는 않았지만, 이성을 잃은 엄마의 목소리로 충분히 짐작하고도 남았다. 난 그 자리에서 그만 얼어버렸다. 어느새 눈물이 뺨을 타고 아래로 아래로 하염없이 굴러떨어졌다.

목포의 병원에서는 손을 쓰기 어려워 광주의 한 대학병원으로 옮겼다고 했다. 삶과 죽음 사이를 넘나드는 긴박한 순간이었다. 고속버스를 타고 광주로 내달렸다. 서울에서 광주까지 세 시간이 넘게 가는 동안 오빠에게 계속 말을 걸었다.

'오빠, 잘 버틸 수 있지? 내가 지금 오빠 보러 가고 있어. 오빠는 운동도 많이 했으니까 씩씩하게 잘 이겨낼 수 있을 거야.'

속으로 끊임없이 되뇌었다.

병원에 도착하자마자 엄마와 중환자실로 향했다. 다

다르고 싶지 않은 마음과 달리 다리는 왜 그리 종종걸음을 치는지 금세 중환자실 앞이었다. 문이 열렸다. 이리저리 아무리 둘러봐도 오빠가 보이지 않았다. 그때였다. 엄마가 오빠 이름을 외치며 병상 하나를 향해 달려갔다. 그곳에는 얼굴이 온통 붕대로 친친 감긴 한 사람이 의식조차 없이 누워 있었다.

'이 사람이 정말 하나밖에 없는 우리 오빠라고?'

믿기 어려웠다.

누구보다 강했던 엄마는 처참한 아들 모습을 보고는 그 자리에서 주저앉아 버렸다. 반면, 아버지는 모녀의 손을 잡으며 어떻게 해야 오빠가 일어날 수 있는지, 해야 할 일들은 뭔지 차분하게 말하며 우리를 안심시키기에 열중했다.

광주의 대학병원에 있는 동안에도 오빠는 의식을 찾지 못했다. 호전될 기미도 보이지 않았다. 병원에서는 서울의 더 큰 대학병원으로 옮기다가는 이송하는 동안 뇌압이 상승할 수 있고, 그러면 사망에까지도 이를 수 있다고 했다. 그냥 있을지 옮길지 선택의 기로에서 어느 쪽도 선택하기 어려웠다.

그때 아버지가 나섰다.

"그래도 건강했던 아들인데, 우리 한번 믿어보자."

서울행을 결정했다. 다행히도 오빠는 이송되는 동안 별 탈 없이 잘 버텨주었는데, 응급실에는 이미 교수님과 의료진이 열 명 넘게 서서 우리를 기다리고 있었다.

저녁 8시경 수술실로 들어간 오빠는 다음 날 새벽 5시가 돼서야 나왔다. 수술을 끝낸 교수님은 이제야 사람 얼굴 같아졌다며 한마디 하고는 자리를 떴다.

그 후 오빠는 의식을 찾았지만, 일상으로는 쉽게 돌아올 만한 상태가 아니었다. 우리 가족 모두는 정신과, 신경외과 등 온갖 병동을 도는 오빠가 다시 평범한 삶을 살 수만 있다면 무엇이든 하겠다는 마음으로 최선을 다했다. 아버지는 퇴근 후면 어김없이 오빠를 찾았고, 나 또한 하교 후엔 늘 오빠 곁을 지켰다. 병원에서 살다시피 한 새어머니는 말할 필요도 없었다.

생사를 넘나드는 사고였던 만큼 감당해야 할 일도 많았다. 그럼에도 사고 이전으로 되돌아가기 위해 온 가족이 각자의 자리에서 온갖 노력을 해나갔다. 하지만 가족들 가슴에 새겨진 날것 그대로의 상처는 나날이 깊어져만 갔다. 오로지 가족이라는 이유만으로 그 누구도 피

#가족 #고등학교 #실수
#국문과간탑 #영미학원강사 #필라테스강사
#분할황 #인스타인플루언서 #모빌

할 수 없는 고통을 견뎌야 했다.

그 뒤로도 몇 년간 우리 가족의 삶은 온통 눈물범벅이었다. 몸도 마음도 상처를 주고받으며 많이 다치고 아팠다. 정말 잔인한 날들이었다. 빠져나올 수 없는 암흑 속에서 끝을 모른 채 헤매는 듯했다. 하지만 정말 잘 버텨냈고 마침내 이겨냈다.

"순화야, 너는 왜 이렇게 열심히 살아?"

지인들이 자주 묻는다. 전에는 나도 뭐라 대답해야 할지 몰랐다. 그런데 지금은 다르다. 담담히 답한다. 오빠를 살려내기 위한 부모님의 뼈를 깎는 노력을 보며 사랑과 책임감을 배웠고, 그러면서 주어진 이 하루가 누군가에겐 얼마나 절실한 시간인지, 그게 그저 주어졌다는 것만으로도 얼마나 감사한 일인지 깨닫게 되었다고! 그래서 열심히 살 수밖에 없다고!

만약 '나'에게 그런 사고가 일어났다면 어땠을까? 그랬더라도 부모님은 오빠에게 했던 것처럼 자기의 모든 것을 버려가면서까지 할 수 있는 무엇이든 다 하셨을 것이다. 자식의 삶을 지켜내려 끝까지 포기하지 않으셨을 테다.

"순화야, 너는 왜 이렇게 열심히 살아?"

담담히 답한다. 오빠를 살려내기 위한 부모님의 뼈를 깎는 노력을 보며 사랑과 책임감을 배웠고,

그러면서 주어진 이 하루가 누군가에겐 얼마나 절실한 시간인지,

그게 그저 주어졌다는 것만으로도 얼마나 감사한 일인지 깨닫게 되었다고!

'진정한 사랑'을 두 눈으로 보았고, 온몸으로 느꼈다. 내게 사랑이란 바로 그런 거였다. 그 어떤 상황에서도, 설령 함께 무너져 내리더라도 놓지 않는 것! 그런 귀한 사랑을 받고 자랐으니 내게 주어진 삶을 제대로 살아내야겠다며 열심히 사는 게 당연하지 않은가!

'부모님이 준 귀한 삶, 한번 보란 듯이 꽃 피워보자!'

'세상에서 가장 행복한 어머니 아버지로 만들겠다!'

'부모님께 받은 무한한 사랑을 밑천으로 나보다 더 아픈 이들의 상처를 보듬어주고 싶다!'

내가 늘 되뇌는 생각들이다. 무엇이든 바탕에는 가족이 있다. 가족은 내 삶에서 가장 중요하다. 지금도 여전히 내 핸드폰 배경 화면은 사랑하는 가족들로 채워져 있다. 그리고 그 화면을 볼 때마다 야무지고 탄탄한 돈블리 박순화가 되기 위해 애쓴다. 남들에게 왜 이렇게 열심히 사냐는 소리를 들어가며…….

#가족 #고등학교 #심수
#국문과간탑 #영어학원강사 #필라테스강사
#부업왕 #인스타인플루언서 #모델

무너짐 앞에서

오빠 상태를 본 의료진들은 하나같이 말했다.

"마음의 준비를 하셔야 할 것 같습니다."

자식을 두고 "긴 병에 효자 없다"고 했다. 부모는 달랐다. 끝까지 포기하지 않았고, 온 가족의 바람대로 오빠는 살아났다. 그런데 그게 끝이라면 얼마나 좋았을까. 아니었다. 대수술의 끝에는 긴 병원 생활이 기다리고 있었다. 시간이 지나면 지날수록 우리는 점점 지쳐갔고 괴로워했다.

"오빠만 살려주세요. 하나님, 부처님, 이렇게 간절히 빌게요. 착하게 살게요. 제가 다 잘못했어요."

매일매일 되풀이했다. 수천 번, 수만 번 외쳤다. 하지만 칠흑 같은 고통의 터널은 길었다. 끝이 안 보였다.

'차라리 그때 잘못되었더라면……'

몹쓸 생각도 했다. 이기적이고 못됐다고, 어떻게 그럴 수 있냐고, 나쁜 년이라고 욕하면서도 드는 마음을 떨쳐낼 수가 없었다. 괴롭고 무서웠다. 부모라는 이름 때문에 경제적, 정신적, 육체적으로 모든 상황을 삭이며 감내하고 있는 두 분이 너무 불쌍하고 안쓰러웠다. 가슴이 미어졌다. 그러면서 우리는 가랑비에 옷 젖듯 서서히 함께 무너져 내렸다.

아버지가 입에 달고 살던 말씀이 있다.

"기둥은 하나여야 해!"

늘 큰소리치던 아버지도 시간이 지나니 결국 흔들리기 시작했다. 그 모습은 내겐 충격이었다. 누구보다 강인한 아버지, 늘 사랑으로 대해주던 아버지였으니 어찌 안 그럴 수 있으랴!

기둥이 흔들리니 집안이 하나둘 망가져 갔다. (망가진다는 게 가장 적절한 표현 같다.) 오빠의 교통사고는 가까운 사람의 파괴적인 사건 하나가 주변을 온통 힘들게 할 수 있음을 뼛속 깊이 각인시켜 주었다.

'책임질 수 있는 행동만 하자, 박순화!'

#가족 #고등학교 #실수
#국문과과탑 #영어학원강사 #필라테스강사
#보험왕 #인스타인플루언서 #모델

곱씹었다. 그러고 보니 아빠가 했던 기둥이 하나여야 한다는 말은 오답에 가까웠다.

'사람에겐 언제 어떻게 무슨 일이 일어날지 모른다. 언제든 네가 가장이 될 수도 있어, 박순화. 그러니 너도 기둥이 되어야 해. 그리고 네 기둥은 단 하나여서는 안 돼.'

계속 되뇌면서 성인이 되었다.

우리나라 고3은 대개 졸업하고 스무 살이 되면 대학에 진학한다. 나이를 먹듯 당연히 거쳐가는 순서처럼 되었다. 하지만 수능을 코앞에 두고 공부를 시작한, 형편없는 수능점수를 꿰찬 내가 갈 만한 학교는 없었다. 재수를 결심했다.

나는 목포에서 태어났다. 중학교까지는 목포에서, 고등학교는 서울에서 다녔다. 그러나 오빠의 사고 이후 집안 형편상 고등학교 졸업 후 곧바로 고향인 목포로 내려가야 했다. 그런데 당시 목포에는 수험생들 위주로 가르치는 전문적인 재수학원이 없었다. 하는 수 없이 초·중·고 학생들이 섞여 다니는 종합학원에서 단과 위주로 수업을 들으면서 재수를 시작했다.

"선생님, 죄송해요. 학원에 다닐 수 없게 됐어요."

다닌 지 한 달 만에 원장님께 못 다니게 되었다는 말을 해야 했다. 우리 집 형편이 더 이상 학원을 보낼 처지가 못 되었다. 내가 공부에 재능이 있는 편도 아닌 데다, 오빠의 사고로 수습할 일도 많아지면서 내 학업은 부모님의 우선순위 저 밖으로 밀려 있었다.

친구들은 재수학원 종합반이나 기숙학원에 등록하던 시기에 난 단과학원조차 다닐 수 없다는 현실이 짜증나고 슬펐다. 보통 사람들에게 당연한 것들이 내게는 당연하지 않았다. 현실이 그랬다. 가난은 잔인하다. 생각 이상으로 많은 것을 앗아가 버린다. 부자가 되고 싶었다.

"서울 가는 표 있어요?"

누구의 허락 없이도 돈을 벌 수 있는 나이가 되었다. 나 하나만큼은 아무 도움 없이도 내가 먹여 살릴 수 있다는, 왠지 모를 자신감이 마음을 세게 흔들었다. 그 길로 서울로 가출(?)을 했다. 10월이었다.

우리 집은 4남매다. 왜 그런지 모르겠으나 내 뇌리에는 부모님의 짐을 덜어드려야 한다는 생각이 늘 떠나지 않았다. 그런데 어려움에 직면했다. 이 상황을 벗어나려 애쓰지 않는 건 알면서도 파국을 향해 함께 나아가는 것이나 마찬가지였다. 그건 장렬한 전사가 될지는 몰라도 결과적으로는 서로에게 지우지 못할 상처만 남기는 바보 같은 짓이었다. 더 솔직히 말하면 계속 그렇게 지내다가는 그만 죽어버릴 것만 같았다. 그래서 도망쳤다. 죽는 것보단 나으니까! 내 몸뚱이 하나는 내가 책임지겠다고 결심하면서…….

가출은 여전히 진행 중이다. (물리적인 가출은 진즉에 끝냈다) 그동안 가출이 더 나은 선택이었음을 증명하기 위해 숱한 눈물을 훔치며 캄캄한 길목을 어떻게든 헤쳐나왔다. 많이 아팠지만 어느 한순간으로도 돌아가고 싶지는 않다. 돌이켜보면 무엇하나 버릴 게 없는 값진 경험이었다. 그래서 지금의 돈블리가 탄생했으니 고맙고 감사할 뿐이다.

오빠의 교통사고 같은 큰 사고가 처음은 아니었다. 유년기에는 집에 불이 났다.

"너무 뜨거워요. 제발 좀 저희를 좀 구해 주세요. 살려 주세요. 제발 살려주세요."

그리고 보니 정도의 차이는 있지만 다들 그렇듯 내 삶도 늘 크고 작은 사건의 연속이었다. 살면서 살려달라는 말을 참 많이도 했다. 그리고 대비가 되어 있지 않으면 그 순간 삶이 사건들에 잠식당하고 만다는 걸 깨달았다.

　난 운이 좋아서 지금까지 살아 있다고 믿는다. 그 운이란 위기의 순간마다 나타난 귀인들을 말한다. 게임으로 치면 이미 죽은 목숨인데 누가 '부활'시켜 준 느낌이라고나 할까? 그래서 나누며 살고 싶다. 다들 저마다의 짐을 안고 살아갈 텐데 아무것도 없는 내 빈손을 잡아준 사람들에 그저 감사해서……

국어가 전교 17등이라고?

"내 주위 다섯 명, 그 평균이 '나'"라는 말이 있다. 환경의 중요성을 강조하는 말이다. 나도 그렇게 생각한다.

인생이 교육 쪽으로 풀리려 그랬는지 몰라도 대한민국 교육 1번지라고 불리는 강남 8학군에서 고등학교를 다니게 되었다. 이곳 아이들은 공부를 잘했다. 그냥 잘하는 게 아니라 월등히 잘했다. 저기 맨날 놀 것처럼 생긴 저 아이도, 연예인 뺨치게 생겨 얼굴 꾸미는 데만 관심이 있을 것 같은 예쁜 저 친구도 모두 공부를 참 열심히 했고, 뛰어났다.

실제로 고3 때 우리 반에서만도 사람들이 흔히 매기는, 대학 서열 최상위권인 '스카이서성한'을 간 친구들이 꽤 많다. 한마디로 고등학교 친구들은 입시에 있어서만큼은 노는 물이 확실히 달랐다.

하지만 나는 아니었다. 친구들과 분식집 가서 떡볶이 먹는 것 말고는 별 관심이 없었다. 어릴 적부터 책은 좋아했으나 공부와는 거리가 멀었다. 잘하고 싶기는 했지만, 가깝게 다가갈 만큼 유혹을 느끼지는 못했다. 당연히 열심히 하지도 않았다.

그러니 강남 8학군 학교에 들어갔다고 해서 내 입에서 갑자기 영어가 유창하게 나온다거나 줄줄이 사탕처럼 수학 공식을 외우는 기적은 일어날 리 없었다. 유일하게 손을 들 용기를 내는 수업은 국어뿐이었다. 다만, 강남 학교 친구들과 동고동락하면서 공부를 어떻게 해야 하는지 정도는 어깨너머로 배울 수 있었다. 그리고 배운 만큼만 공부했다.

"서당 개 3년이면 풍월을 읊는다"고 하지 않던가! 3학년 어느 날, 담임 선생님이 나를 따로 불러 물었다.

"이번 국어시험에서 네가 전교 17등을 했어. 어떻게 공부한 거야?"

그때 깨달았다. 나도 노력하면 된다는 사실을, 그동

안 공부를 제대로 안 해봐서 못했을 뿐임을, 늦게 시작한 만큼 임계치에 도달하는 데 또래 친구들보다 시간이 필요했던 것임을 말이다.

물론, 시험성적이 곧 그 사람의 전부를 규정하는 건 아니다. 그래서도 안 된다. 하지만 처음으로 어떤 목표를 정하고 그걸 달성하기 위해 스스로 노력해본 경험이, 그래서 원하는 결과가 나왔을 때 온몸으로 느꼈던 전율이 '나'도 해낼 수 있다는 자신감을 심어주었다. 그리고 바로 그 자신감 하나가 20대의 박순화를 수많은 도전으로 이끌었다.

꾀부리지 않고 열정적으로 살면서 주체적이고 지속적으로 문제를 해결하고 미래를 개척해 나가려는 친구들이 가득했던 진선여자고등학교! 그곳에는 꿈을 향해 반짝이는 눈빛들로 가득했다. 보이는 곳에서든 보이지 않는 곳에서든, 묵묵히 자신의 능력과 실력을 키워나가는 친구들의 모습은 같은 또래지만 진심으로 존경스럽고 멋져 보였다. 그들이 바로 내 삶에 귀감이 되었다. 훌륭한 학우들과 함께 보낸 그 3년이 박순화를 180도 다른 사람으로 변화시켰다.

바뀐 내 모습이 마음에 흡족했던 나는 사회생활을 하면서도 이 시기의 경험을 기반으로 가까이해야 할 사람들의 기준을 잡았다. 그것은 눈이 반짝거리는 사람, 하고 싶은 일을 하는 사람, 노력하는 사람, 배우는 사람, 감탄을 자아내는 사람, 감사할 줄 아는 사람, 따뜻한 사람 등인데, 그러고 보니 보통의 기준과 크게 다르지는 않은 것 같긴 하다. 하지만 분명한 점은 고등학교에서 3년이라는 시간 동안 그런 친구들에게 수없이 반하고 또 반했다는 사실이다. 하나같이 자신의 삶을 진취적으로 개척해 나가는 그들에게…….

사람마다 성공의 기준이 다 다르다. 자기 마음속에 그려놓은 '행복'의 그림도 각양각색이다. 행복한 삶은 내가 끌리는 삶이다. 우리는 그 방향으로 움직여야 한다. 그리고 그 또한 노력이 필요하다.

#가족 #고등학교 #삼수
#국문과과탑 #영어학원강사 #필라테스강사
#보험왕 #인스타인플루언서 #모델

삼수, 잃은 것과 찾은 것

살다 보면 누구나 적어도 한 번쯤은 당시의 삶에 격하게 몰입하던 시절이 있다. 내겐 수능 현역을 거쳐 재수, 삼수했던 기간이 그렇다. 내가 삼수를 했다고 하면 주변에서는 그렇게 안 생겼다며 놀란다. 왜 그러는지는 모르겠으나 그 이유가 한 가지만은 아닐 것이라고 생각한다. 그런데 틀렸다. 남들과 다르지 않았다. 단순했다. 가고 싶은 학교와 성적이 맞지 않았기 때문이다.

사실, 삼수까지 하게 된 데는 운 좋게 강남 8학군 고등학교를 다니게 된 게 한몫했다. 내 성적은 저 아래 바닥을 맴돌았지만, 주변 친구들 대부분은 의대, 한의대 등을 비롯해 소위 말하는 스카이를 갈 법한 성적을 판판히 받았다. 그들을 보면서 나도 노력하면 그렇게 될 수 있으리라고 생각했다. 그런데 재수는 필수라더니 그처럼 공부 잘하는 친구들마저도 재수, 삼수를 그냥 당연히 거치는 통과의례처럼 받아들이는 것 아닌가! 그때 나도 사수, 오수를 해서라도 꼭 원하는 대학에 가고야 말겠다고 마음먹었다.

고등학교 때 친구들의 공부량은 엄청났다. 시험이 다가오면 우선 교과서를 통으로 외웠고, 그다음에는 부교재를 통으로 외웠다. 또 언어·수학·외국어·탐구를 막론하고 모든 과목마다 열 권씩 문제집을 사서 다 풀고 나서는 학원에서 나눠준 족집게 문제들까지 씹어먹을 기세로 다 풀었다.

그런 친구들과 3년을 함께하다 보니 자연스럽게 노력의 눈높이가 높아졌다. 재수, 삼수 시절 하루에 최소 10시간 이상씩 책상에 앉아서 공부했다. 게다가 수능이라는 관문을 넘어 내가 원하는 목표를 달성하기 위해서는 주변에 널린 불필요한 요소들 또한 차단해야 했다.

난 나의 의지력을 믿지 않는다. 달콤한 마시멜로를 앞에 두고 참기보다 눈앞에 보이는 모든 마시멜로를 다

치워버리는 스타일이다. 공부에 쏟을 에너지를 불필요한 인내에 쓰고 싶지 않았다. 그렇게 오로지 공부에만 집중할 수 있는 환경을 만들고 빠져들었다.

살면서 그토록 뭔가를 바랐던 적이 있었을까! 다른 누구도 아닌 나의 미래를 위해 뛰는 그 시간 동안 가슴도 함께 뛰었다. 남들처럼 기숙학원이나 재수종합학원에 다닐 여력은 없었지만, 그래도 주어진 상황 안에서 공부할 수 있는 현실에 만족했다.

수능을 두어 달 앞둔 어느 날, 엄마가 평소에 하지 않던 산책을 하자고 했다. 동네 공원을 몇 바퀴 돌았다. 그러더니 아무 말 없던 엄마가 조심스럽게 입을 열었다.

"순화야, 우리 형편상 서울에 있는 학교를 보내긴 어려울 것 같아."

그랬다. 수능이라는 시험에만 몰두한 나머지 대학교는 합격만 한다고 해서 그냥 다닐 수 있는 게 아니란 사실을 까맣게 잊고 있었다. 등록금이며 생활비며 한두 푼 드는 게 아닌데, 정말 아무 생각이 없었다.

누구보다 열심인 딸을 가장 가까이에서 지켜보던 엄마는 어땠을까? 그 말을 꺼내기가 얼마나 힘들었을지, 당

시 엄마의 마음은 어쩌면 지옥이었을지도 모른다. 지금의 나라면 어떻게든 다른 수를 찾아보았을 테지만, 그때 그 말은 마치 의사의 사망선고를 듣는 듯했다.

'오빠의 교통사고가 있기 전에는 우리 집이 이렇게 힘들지 않았는데…… 이제 다 끝난 거야!'

슬프고 화가 났다. 하지만 받아들여야만 했다. 그렇게 엄마가 원하는 대학교로 진학했다. 그러면서 사람도 상황도 모든 게 언제 바뀔지 모르는 변수라는 사실을 온몸으로 느꼈다.

그러나 살아온 삶은 어떤 형태로든 흔적을 남긴다. 삼수의 경험은 올라간 노력의 눈높이에 따라 내 노력의 절댓값을 압도적으로 높였다. 대학교에 입학해 처음 받은 성적표에 보란 듯이 과에서 1등이 찍힌 것이다. 1, 2등까지는 교직 이수 자격이 주어진다. 꿈꾸던 선생님이 될 수 있다고 생각하니 그저 행복했다.

성적 장학금도 받게 되었는데, 우리 집 형편이 좋지 않다 보니 국가장학금 등만으로도 이미 전액 장학생이 되었던 터라 내 몫의 성적 장학금은 뒤 순서 학우들에게 돌아갔다. 나를 위해 열심히 살았을 뿐인데 좋은 일을 했다는 생각에 괜히 뿌듯했다. 그렇게 목표를 달성할 때까지 몰아붙였던 경험, 나로 인해 일어난 선순환을 본 나는 자존감과 자기효능감을 회복했다.

어떤 상황이라 할지라도 부정적 태도와 패배적인 사고를 벗어나지 못하면 발전하기 어렵다. 반면, 순간순간 삶의 중요한 가치를 찾고, 그 가치를 성취하기 위해 짧게 짧게 목표를 세우고 행동하다 보니 성장이 따라왔다. 격하게 몰입하던 그때의 경험은 몰입하는 삶의 즐거움을 알려주었다.

좋은 스승이 되고 싶어

스무 살에 강사 생활을 시작했다. 안 좋아진 집안 형편으로 인해 어쩔 수 없이 한 선택이었지만, 누구보다 빠르게 선 강단이었다.

큰오빠의 교통사고로 집이 많이 어려워졌다. 친구들처럼 서울의 재수종합반에는 도저히 다닐 형편이 안 되었다. 고향인 목포로 내려가 동네 학원에 단과 두어 과목을 등록했다.

학원 내 독서실은 구조가 좀 특이했다. 책상이 일렬로 늘어서 있어 맨 안쪽 깊숙한 곳에 앉으면 밖으로 나가기가 무척이나 번거롭고 어려웠다. 하지만 난 가능한 한 더 깊은 안쪽 책상으로 파고들었다. 밖으로 나가는 횟수를 단 한 번이라도 줄여보려는 의지의 실천이었다. 곧 죽어도 하루 열 시간 이상 그렇게 학원 의자에 엉덩이를 붙이고 공부했다.

힘들긴 했으나 나의 미래를 위한 시간이라는 생각에 더 없이 감사하고 행복했다. 한 달은 금방 지나갔다. 그때, 정확히 한 달 만에 아버지가 말했다.

"학원비를 감당하기가 어렵구나. 미안하지만 그만둬야 할 것 같다."

눈물이 핑 돌았지만 애써 참았다. 고3인 여동생도 함께 다니고 있었으니 어려운 형편에 학원비가 만만치 않은 것 또한 분명한 사실이었다. 어쩔 도리가 없었다. 학원 원장님께 사정상 더는 학원에 다니기 힘들 것 같다고 말씀드렸다.

"그럼 너희 둘 수업료를 받지 않을 테니 공부에 문제가 생기지 않는 선에서 틈틈이 학원 일을 좀 도와줄 수 있을까?"

원장님이 뜻밖의 제안을 했다. 아무리 생각해도 난 전생에 아주 큰 공을 세웠나 보다. 살면서 중요한 시점에 이렇게 좋은 분들을 만났으니 말이다.

#1호 #고등학교 #삼수
#공무과가칩 #영어학원강사 #필라테스강사
#보험왕 #인스타인플루언서 #모델

그 후 중학생을 대상으로 국어 수업을 맡았고, 최선을 다해 가르치니 반응도 좋았다. 게다가 원장님과 학원 선생님들께 너무 고마워 가르칠 때 빼고는 정말 미친 사람처럼 공부만 해댔더니 모의고사를 볼 때마다 등급이 확연히 올랐다. 그러자 원장님은 나에게 고3 모의고사 해설 수업을 맡기기까지 했는데, 그때가 바로 내 강사 생활의 시작이었다.

학원이지만 이왕 하는 거라면 좋은 스승이 되고 싶었다. 살면서 숨소리마저 닮고 싶은, 존경할 만한 분들을 많이 만나왔다. 하지만 그렇지 못한 사람들도 분명 있다. 명백한 사실이다. 길지 않은 인생이지만 지금까지 계속 교육을 받아오고 현장에서 일도 하다 보니 가르침이라는 허울 좋은 명분 아래 언어폭력은 물론 신체적인 폭력까지 서슴지 않는 사람들을 여러 번 목격했다. 그리고 그처럼 아무 말도 못 하고 무방비로 당하기만 하는 어린 친구들을 보면서 나는 절대 저런 어른이 되지 않겠다고 다짐했다.

고민이 생기면 책을 쓴 현자들에게 길을 물어야 한다. 시중에 나와 있는 교육 관련 책들을 사다 읽기 시작했

밝게 빛날 자신의 미래를 위해 소중한 시간과 노력을 함께 나눌 선생으로 나를 택해준 아이들을 위해서라면 더 많이 배워야 했다. 잠을 못 자도, 돈이 더 들어도 상관없었다.

다. 아이들이 이해가 안 될 때는 왜 그런 행동과 말을 하는지 자녀교육 책을 찾아보고 이해하려 했다. 공부 효율을 끌어올리려면 어디에 더 중점을 두어야 하는지 해답을 공부 관련 책에서 찾았다. 학교 선생님이 아닌 학원 강사였지만 부모와 같은 마음이었다.

밝게 빛날 자신의 미래를 위해 소중한 시간과 노력을 함께 나눌 선생으로 나를 택해준 아이들을 위해서라면 더 많이 배워야 했다. 잠을 못 자도, 돈이 더 들어도 상관없었다. 어떻게 해야 인격에서나 공부에서나 참된 스승이 될 수 있을지 계속 고민하고 탐구하며 책을 통해 배운 내용을 현장에 녹여내려 애썼다.

원래 책을 좋아하긴 했으나 삶의 기반을 단단하게 잡을 수 있도록 도와준 건 강사 초기에 다진 카테고리 독서법이었다. 어떤 일을 시작하면 그와 관련된 카테고리를 하나 정해 파고들며 읽는다. 그러면 금방 수십 권이 되는데, 그렇게 아웃풋으로 이어지는 독서는 압도적인 힘을 발휘한다. 사람은 가르칠 때 제대로 배우기 때문이다.

지금까지 참 많은 책을 읽었고, 앞으로는 더 많은 책을 읽게 될 것이다. 지금도 한 달에 책값만 최소 30만 원

정도 지출한다.

"읽은 책을 다 기억해?"

가끔 지인들이 묻는다. 난 기억하려 애쓰지 않는다. 그래서인지 세세한 문장과 단어들은 머릿속에서 금방 사라진다. 하지만 그 책을 읽으며 떠올렸던 숱한 사색의 흔적들은 '나'의 어떤 모습으로든 겹겹이 남아 세상에 비치리라는 사실만큼은 의심치 않는다.

쌤은 왜 검은색만 입어요?

스무 살 재수 때부터 삼수를 끝내고 대학을 다니면서까지 학원에서 강사로 일했던 나는 국문학 전공이라 그런지 비교적 주제 파악을 잘하는 축이었다.

'아, 학원 생활이 벌써 몇 년 차지? 입시학원 강사로 크려면 대체로 좋은 대학을 나와야 하는데 나는 SKY를 다니지도, 해외 유명 대학으로 유학을 다녀오지도 않았다. 그럼 이 업계에서 내가 올라갈 수 있는 최고의 위치는 뭘까? 학원 원장이다. 근데 학원은 돈이 있으면 해볼 수 있는 것 아닌가!'

어느 날, 이런 생각이 들었다. 앞날이 뻔해 보였다. 갑자기 무료해졌고, 다른 삶이 궁금해졌다.

스물다섯 살이 된 그해, 전공과목 교수님이 말했다.

"사람은 서울로 가야 해."

원래 호기심 덩어리인 나는 학교를 휴학하고 매주 목포에서 서울로, 대구로, 여수로, 전국 방방곡곡을 돌아다녔다. 그러던 중 우연히 요가를 알게 되었다. 당시는 힘이라고는 어디에서도 찾아볼 수 없는 젓가락 같은 몸이었음에도 꼭 해봐야겠다고 생각했다.

생각 즉시 실행이 내 삶의 모토 아니던가! 요가 지도자 과정을 알아보고 있는데 친구가 필라테스 지도자 과정을 추천했다. 만만하게 생각하고 덤비지는 않았지만, 진짜 만만치 않아 매우 당황스러웠다. 이들이 쓰는 언어조차 한국어였으나 한국어 같지 않은 생소한 단어들이었고, 지도자 과정이니 내 몸 하나 컨트롤 못 하는 중에도 다른 사람들을 이끌어야 했다.

그룹 필라테스 수업은 보통 정원이 여덟 명이다. 티칭 실습이 있는 날에는 허공을 허우적대는 열여섯 개의 다리를 제어 못 해 땀을 뻘뻘 흘리며 버벅거리는 내가 너무나 한심해서 울기도 많이 울었다. 게다가 '좌골뼈 위로 척추를 세우라'거나, '갈비뼈를 집어넣으라'거나, '정수리를 천장 방향으로 끌어올리라'거나 하는 말들은, 지금은 너무나 익숙하지만, 나를 매 순간 곤욕스럽게 했다.

그래서 버리기로 했다. 필라테스 운동복만 빼고 모든 옷을 버렸다. 쇼핑 시간은 물론 운동복 색 고르는 시간조차 아까웠다. 운동복 색을 전부 블랙 하나로 통일했다. 신발도 운동화 하나, 슬리퍼 하나만 빼고 다 버렸다. 예쁜 옷이나 꾸밀 뭔가가 남아 있으면 친구들이 술을 먹자거나 놀자고 할 때 뛰쳐나갈 것 같아 스스로 다 차단해 버렸다. 그러고 나서야 필라테스에 압도적인 집중이 가능해졌다.

필라테스 지도자 과정에는 꼭 이수해야 할 수련 시간이 있다. 하루 세 시간씩 운동하던 나는 주어진 수련을 누구보다 먼저 끝냈다. 그러고도 비용을 더 들여 달려오던 페이스로 가차 없이 몸을 단련해 나갔다. 나의 코칭을 받는 수강생들에겐 내 몸으로 겪고 느낀 것들만 온전히 전달하겠다는 집념이 그렇게 만들었다.

그토록 쉼 없이 열정적으로 수련한 덕에 2019년 10월부터 교육을 받기 시작한 교육생 중에서는 두 달 만에 가장 빠르게 강사로 데뷔했다. 그러자 필라테스 강사라는

일에 대한 내 열정이 진심임을 알게 된 교육 이사님이 말했다.

"순화 선생님은 무조건 가르쳐야 해."

그 후 나는 교육 이사님을 어시스트하며 다섯 번이나 더 지도자 과정에 참여했고, 자연스럽게 교육 강사의 길로 접어들었다.

그때부터였다. 비우고 버리고 정리하기를 좋아하게 된 것이! 그처럼 일 잘하고 돈 잘 벌던 스티브 잡스도 늘 터틀넥 티셔츠와 청바지, 뉴발란스 신발을 고수하지 않던가. 자신에게 제일 중요한 '일'을 제외한 모두를 단순화한 것이다. 그를 떠올리니 내가 뭐라고 이 옷 저 옷 고르나 싶었다. 그래서 시중에 나온 미니멀 라이프 책들을 닥치는 대로 읽고 그대로 정돈해 나갔다. 그러자 내가 원하는 방향으로 삶이 변하기 시작했다.

매일 새벽 다섯 시에
어떻게 일어나요?

코로나는 내 삶의 항로를 완전히 바꿔놓았다. 열심히 배워 강사가 되었지만, 밀폐된 공간에 사람들이 모여야 하는 필라테스는 전 세계를 공포로 몰아넣은 코로나 앞에서는 옴짝달싹 못했다.

1년도 안 돼 졸지에 직장, 아니 직업 자체를 잃어버린 나는 보험회사에 입사했다. 보험회사는 매월 신입사원들을 모아 교육하는데, 이번에도 10월 교육생이었다. 그리고 바로 그 2020년 10월이 인생의 전환점이 되리라고는 전혀 생각지도 못한 채 교육을 받기 시작했다.

회사에서는 월요일부터 금요일까지 상위 관리자들

과 팀장님들이 번갈아 가면서 신입사원 교육을 진행했다. 그러던 어느 날, 본부장님이 교육 중에 말한 한마디가 유난히 내 귀를 쏙 파고들었다.

"출근 1등 1년만 해보세요. 인생이 바뀔 겁니다."

다른 교육생들은 이 말을 그저 그런 상투적인 말로 흘려들었을지 모른다. 하지만 나는 아니었다.

'경험에서 나온 말은 힘이 있다던데, 저렇게 멋져 보이는 분이 하시는 말씀이니 따라 해봐야지.'

굳게 마음을 다잡았다.

다음 날 새벽 다섯 시. 눈을 뜨자마자 옷을 차려입고 회사로 향했다. 도착하니 여섯 시쯤이었다. 같이 교육 들은 동료 가운데 곧바로 출근 1등 액션을 실행한 사람은 나 혼자뿐이었다. 어느 날, 출근 중 마주친 본부장님의 깜짝 놀란 표정이 잊히지 않는다. 자신의 교육을 듣고 진짜로 새벽에 출근하는 신입이 신기했던 것 같다. 나 또한 아무도 주시하지 않는데도 여전히 새벽 출근을 실천하는 본부장님 모습에 깜짝 놀라기는 마찬가지였다. 나에겐 더할 수 없는 본보기였다. 그리고 그때 이후 지금까지 다섯 시 기상을 실천 중인 사람 역시 나 혼자다.

'삶을 변화시키는 행동을 정한다. 그리고 가능한 한 빠르게 시도하고 꾸준히 이어간다.'

내가 가진 경쟁력의 핵심이다. 많은 사람이 어떻게 매일 새벽 다섯 시에 일어나느냐고 묻는다. 힘들지 않냐는 뜻이 담긴 그 질문에 나는 솔직하게 대답한다.

"처음엔 진짜 힘들죠. 하지만 하다 보면 몸에 그 패턴이 익어가는 순간이 와요. 예를 들어, 다리를 찢는다고 생각해보면 그 과정 중에는 당연히 고통이 수반될 수밖에 없어요. 그런데 매일 스트레칭을 해나가다 보면 어느샌가 이전보다 쉽게 찢어지는 다리를 발견하게 되고, 고통보다는 시원함이 느껴지죠. 오히려 스트레칭을 하지 않으면 몸 여기저기가 뻐근해져요. 몸이 먼저 스트레칭을 해달라고 요구하는 거죠."

살면서 바람직하지 않은 행동은 정말 하기 쉽다. 지각, 늦잠, 결근, 욕설, 비방, 비난, 남 탓, 게으름, 과식 등은 별다른 노력 없이도 매일매일 밥 먹듯 할 수 있다. 하지만 그런 것들로 삶을 채우다가는 다가올 미래가 결코 달갑지 않게 된다.

내가 꾸준히 새벽 다섯 시에 일어나는 건 하루를 자부심으로 시작하기 위해서였다. 매일 나와의 약속을 지키면서 '한다면 하는 사람'이라는 걸 머릿속에 심었다. 그리고 여기서 나오는 근자감(사전에 나오는 근자감은 근거 없는 자신감의 준말이지만 나는 근거 있는 자신감이라고 해석한다)은 금융 영업 현장까지 가닿았다.

삶에서 꾀를 부리는 사람이 아니라는 자부심, 비록 지금은 신입이지만 남들이 보든 말든 매일 아침 출근 1등을 해나가면서 고객들에게도 1등 설계사가 되겠다는 다짐을 새벽 출근길에 늘 되뇌었다. 그 결과 1년도 아닌 6개월 만에 신상품 경진대회에서 수많은 선배를 제치고 '전사 1위 돈블리'가 되었다.

지구는 행동하는 별이라고 하는데, 사람들은 대부분 배우기만 하고 그것을 몸으로 익히려는 시간을 갖지 않는다. 어쩌면 역으로 자기 교육에 관심이 없거나 행동하지 않는 사람들이 많은 게 내가 지금처럼 반짝일 수 있는 이유 아닌가 싶다.

나는 어떤 교육을 듣든지 실천할 만한 이야기를 찾아 귀를 기울이며, 누구를 만나든지 벤치마킹해야 할 뭔가가 없을까 주시한다. 또 그 사람을 그 자리에 있게 만든 긍정의 습관은 없는지 집요하게 관찰하며 찾는다. 지

지구는 행동하는 별이라고 하는데, 사람들은 대부분
배우기만 하고 그것을 몸으로 익히려는 시간을 갖지
않는다. 어쩌면 역으로 자기 교육에 관심이 없거나 행
동하지 않는 사람들이 많은 게 내가 지금처럼 반짝일
수 있는 이유 아닌가 싶다.

금 내가 못 가진 역량을 채울 수만 있다면, 나쁜 짓이 아닌 한 무엇이든 꼭 실천할 수 있을 만큼의 행동을 정하고 무식하게 지속한다.

물론, 벤치마킹을 당하는 사람과 나는 다르므로 결과가 똑같이 나온다는 보장은 없다. 그렇더라도 나에겐 나만의 분명한 열매가 맺어진다. 행동은 하기만 하면 늘 보다 나은 삶을 선물해준다. 그러니 지금의 자리에서 제일 좋은 성과를 내고 싶다면 출근 1등 1년, 아니 반년만이라도 해보자.

조회 수가
100만을 넘었다고?

2020년, 보험회사에 입사한 후 지점장님의 권유로 인스타그램을 시작했다. 그때까지만 해도 인스타그램 계정조차 없었다. 남들 사는 일에 큰 관심이 없고, 적극적으로 나를 알릴 필요도 못 느꼈으며, 딱히 누군가의 애정을 필요로 하지 않았기 때문이다.

하지만 일과 관련되니 이야기가 달라졌다. 어떨지는 모르겠지만, 업무상 이유로 시작했으니 이왕 할 거면 원하는 결과에 이를 때까지 해보자고 다짐했다. 그러려면 좀 배워야 했다. 그런데 당시 본부에는 SNS를 활발하게 하는 사람이 없었다. 한다고 해도 그걸 통해 성과를 낸 사람이 없었다. 아무에게도 물어볼 수 없는 상황. 하는 수 없이 그저 화분에 물 주듯 무식하고 단순하게 게시글만 올려댔다.

어떤 방식이었든 인스타그램 계정은 조금씩 커져갔다. 그러던 중 '릴스'라는 게 생겼다. 해봐야 했다. 이 역시 인스타그램에 콘텐츠를 올리는 한 가지 툴이긴 하나 뭔가를 기획할 정도가 되려면 먼저 손에 익어야 했기 때문이다.

'결정하면 실행하는 게 바로 내 스타일! 입력하기만 하면 자동으로 출력되듯 기계적으로 필요한 행동을 수행하는 데 아무런 거리낌을 느끼지 않는 사람! 행동이 제일 쉽다고 생각하는 사람이 바로 나 아닌가! 그래, 릴스를 100개만 올려보자.'

그때부터 릴스를 올릴 때마다 '#1번째릴스', '#2번째릴스'라고 카운팅하며 100개를 채워나가기 시작했다. 아무리 미래가 좋아진다고 해도 어찌 매일이 즐거울 수 있겠는가! 하다 보면 귀찮은 날도 있게 마련 아닌가!

그날도 그랬다. 릴스를 올리려는데 엄청 피곤했다. 대충 노래 섞어 6초짜리 영상 하나를 올렸다. 그런데 이게 웬일인가! 나도 알 수 없는 알고리즘을 타고 100만이 넘는 계정에 도달해 있는 게 아닌가! 조회 수가 말도 안 되게 터져버린 것이다. 드디어 '노력하는 나'를 알아봐 주는구나 싶었다.

그런 콘텐츠가 하나 나오니 주변으로부터 분에 넘치는 칭찬이 이어졌다. 그러더니 어느새 SNS 전문가로도 인정받기 시작했다. 행동은 늘 이처럼 생각지 못한 선물을 내게 주었다. 그렇게 프로 N잡러 돈블리의 약력에 '세일즈업계 인스타그램 퍼스널브랜딩 전문가'라는 직업이 하나 추가되었다.

고민은 누구나 한다. 하지만 생각만으로는 그 고민이 해결되지 않는다. 뭐라도 해야 그다음도 있다. 고민만 하다가는 늘 그 자리에 머물다가 잊히고 만다. 또 생각이 길어지면 용기도 줄어든다.

고민이 있다면 기간을 못박고, 관련된 여러 자료를 수집해 해결책을 찾아본 다음 그에 맞춰 꼭 해야 할 핵심 행동 하나를 정하자. 그리고 그 행동을 100번만 반복해보자. 분명 지금보다 훨씬 더 나은 나, 그에 걸맞게 훨씬 더 발전한 자신을 발견하게 될 것이다.

지금껏 해온 일의 방식이나 경로, 성취의 정도가 맘

지금껏 해온 일의 방식이나 경로, 성취의 정도가 맘에 들지 않는가? 더 잘되고 싶은가? 그러려면 바꿔야 한다. 방법은 간단하다. 행동하면 된다. 다만, 한두 번 하고 바뀌길 기대하는 건 놀부심보다. 결과가 나올 때까지 해야 한다.

에 들지 않는가? 더 잘되고 싶은가? 그러려면 바꿔야 한다. 방법은 간단하다. 행동하면 된다. 다만, 한두 번 하고 바뀌길 기대하는 건 놀부심보다. 결과가 나올 때까지 해야 한다.

물론, 어떤 일인지에 따라 투여되는 노력이 다르고 결괏값도 달라진다. 하지만 그 무엇이라도 100번을 행동하면 이전 상황보다 개선될 수밖에 없다. 확연히 발전한 자신을 만나게 된다.

세상이 시시각각으로 급변하는 시대. 그 시대를 살아가는 데 있어 100번의 행동을 통한 남다른 경험과 스토리는 누구도 넘어서지 못할 압도적인 경쟁력이자 강점이 되어 나를 드러낸다.

나를 알려야
살 수 있는 세상

"건강한 라이프 스타일로 하루를 살아가는 동시에 자신의 전문 분야에 최선을 다하는 여성."

2022년 3월, 전 세계 45개국에서 발행되는 남성 잡지 맨즈헬스(Men's Health)의 한국판인 맨즈헬스 코리아에 제1호 'MH Girl'로 선정되었다. 학연이나 혈연, 지연 등에서 전혀 아무런 연고 없이 오직 인스타그램에서의 '인연'으로만 이루어진 일이다. 그동안 꾸준히 올렸던 SNS 게시글들이 우연히 맨즈헬스 코리아 에디터 눈에 들었기에 가능했다.

맨즈헬스 코리아는 수영선수로 세계에 이름을 떨친

박태환, 피겨선수로 국제무대에 이름을 알린 차준환 등 국가대표 선수들이 표지를 장식하는 잡지인데, 연예인도 셀럽도 아닌 나에게 모델 제안이 왔으니 이게 무슨 일인가 싶었다. 나 다음으로는 2021년 미스코리아 진 당선자인 최서원 님이었으니 졸지에 대한민국을 대표하는 미스코리아와 어깨를 나란히 하는 영광을 누리게 된 것이다.

코로나 이전 필라테스 강사로 활동할 때 같은 업계에서 영향력을 발휘하는 사람들이 건강잡지 모델로 서는 걸 종종 보았다.

'아, 나도 필라테스로 영향력을 미치는 사람이 되어 잡지 한 부분을 장식하고 싶다.'

마음 한구석에 그런 열망을 싹틔웠다. 하지만 그것은 소망에 가까웠다.

'할 수 없지. 셀럽이 아니니 잡지 모델까지는 아니더라도 보디 프로필은 꼭 찍어야지.'

다짐했다. 그리고 인스타그램에 올라온 일반인이나 연예인들의 보디 프로필을 보며 나도 그처럼 멋진 모습을 사진으로 남길 수 있는 날을 고대했다. 그런데 코로나와 함께 그 또한 날아가 버리고 말았다. 법으로 실내 체육

시설의 문을 못 열게 하는 바람에 필라테스 강사라는 직업인으로서 살아갈 수가 없게 되었다.

모델의 꿈, 필라테스 지도자로서의 꿈은 코로나가 사라질 때까지 접어야 했다. 그러고는 앞서 말한 것처럼 보험 세일즈에 도전했고, 인스타그램 계정조차 없었을 때 당시 지점장님의 권유로 무작정 인스타그램을 시작하게 된 것이다.

지금의 돈블리는 돈블리 이전 박순화라는 사람의 단순함과 꾸준함에 의해 태어났다. 하루 동안 일어난 일, 보고 듣고 느꼈던 전부를 스토리와 피드를 활용해 단순하고 꾸준하게 랜선 친구들에게 보고한 결과였다. 기회는 사람이 주는데, 누가 나의 무엇을 마음에 들어 할지 몰라 해볼 수 있는 것들은 다 해보고, 올릴 수 있는 것들은 다 올렸기 때문이었다.

어느 날, 내 인스타그램에서 친구들과 여행 갔을 때 찍은 비키니 사진을 본 보디 프로필 스튜디오에서 연락이 왔다. 그렇게 내 인생 첫 보디 프로필을 찍었다. 그런데 얼마 안 가 보디 프로필 사진을 본 또 다른 작가들이 모델이 되어 달라는 바람에 나중에는 페이 모델로도 활

#가족 #고등학교 #살수
#국문과간판 #영어학원강사 #필라테스강사
#보험왕 #인스타인플루언서 #모델

동하게 되었다. 바로 이런 사진들이 쌓여 자연스럽게 형성된 돈블리의 포트폴리오가 맨즈헬스 코리아 에디터 눈에 띈 것이다.

물론, 사진들만으로 맨즈헬스의 선택을 받은 건 아니다. 그 외에도 건강한 라이프 스타일과 일에 몰두하는 모습이 매력적으로 보여 발탁했다고 했다. 일반인인 나로서는 정말 신기할 따름이었다. 모델이 되는 게 꿈이었는데, 어느 순간 눈을 떠보니 누군가가 나를 인터뷰하고, 멋지게 꾸며진 내 모습을 촬영하고 있으니 어찌 신기하지 않을까! 게다가 잡지 한 페이지를 장식한 그 결과물이 전국 서점에 모습을 드러냈을 때 머리와 가슴에 와닿던 떨림과 희열은 지금도 말로 표현하기 어렵다.

MH Girl로 선정된 후 세상에는 정말 많은 기회가 있다는 걸 알았다. 지금은 그런 시대임을 온몸으로 체감했다. 그러자 나를 더 드러내야겠다는 생각이 물밀 듯 밀려들었다. 반면, 사람마다 각자 취향과 호불호가 달라 인기를 얻는 만큼이나 욕도 많이 먹게 되니 한편으론 무섭기도 했다. 하지만 나를 싫어하는, 어쩌면 순간적으로 지나가고 말 누군가의 손가락질 때문에 희망하는 멋진 나로 나아갈 기회를 포기하기에는 내 삶이 너무나 소중하고 아름다웠다. 포기할 수 없었다.

　지금은 나를 알려야만 하는 세상이다. 그런 측면에서 SNS는 시공간의 제약 없이 나를 알리는 데 가장 효율적이고 효과적인 플랫폼이다. 인스타그램, 블로그, 브런치, 유튜브 등 뭐가 되었든 꾸준히 기록하며 세상에 자신을 보여주자. 내가 상상하는, 아니 상상 그 이상의 기회들이 가슴을 설레게 할 준비를 하며 기다리고 있을지도 모른다. 잊지 말자.
　다시 말한다. 지구는 행동하는 별이다!

PART
2

강점을

만드는

힘

#새벽수련
#공표하기
#기록하기
#비전시각화
#목표수치화
#교육
#간헐적단식
#정리
#감사표현

몸부터 만들자

"건강한 육체에 건강한 정신이 깃든다."

　　많이 들어본 말이다. 고대 로마의 시인 유베날리스가 몸만들기에만 열광하는 검투사들에게 강인한 육체만큼 정신도 건강하게 해야 한다는 뜻으로 한 말이라고 한다. 그러다 영국의 철학자 존 로크가 자신의 말에 인용하면서 몸이 건강해야 정신도 건강하다는 의미로 쓰이고 있다. 하지만 나는 유베날리스가 말했을 때의 의미보다는, 어떤 알고리즘에 의해서든 이 책을 만나게 된 독자들의 건강한 삶을 위해 존 로크처럼 한 번 더 강력하게 몸의 중요성을 전하려 한다.

나는 2019년부터 요가와 필라테스로 꾸준히 새벽 수련을 해오고 있다. 왜 새벽 수련을 시작했을까? 보통 사람들이 생각하는 미라클 모닝을 실천하려는 게 아니었다. 몸과 마음이 약해지니 불면증이 심해져 잠을 자지 못하고 날을 꼬박 새우기가 일쑤였다.

요가를 시작한 건 그때부터였다. 새벽에 요가원을 찾았고, 지친 나날을 이어가는 중에도 현재의 몸과 마음 상태에만 온전히 집중하는 그 시간만은 참으로 따뜻했다. 어떤 말이나 행위보다 더 큰 위로를 주었다. 그렇다고 요가와 필라테스를 하라는 말이 아니다. 누군가에게는 러닝이, 주짓수가, 줄넘기가 될 수도 있다.

몸에서 긴장 가득한 부위는 이완시키고, 약한 부위는 강화시키며 매트 위에서 많은 시간을 보냈다. 몸은 서서히 좋아지고 나빠진다. 내 욕심대로 요가를 하루에 10시간 한다고 그만큼 몸이 좋아지는 게 아니다. 시간과 정성을 들이다 보면 닿지 않던 손이 닿고, 버틸 수 없던 동작도 버티게 되는 성장의 순간을 분명 맞이한다.

그렇게 차근차근 나를 보살피는 방법을 배워갔다. 그러면서 나 자신을 돌볼 줄 몰라 그동안 나에게도 남에게도 여러 번 상처를 주었음을 깨달았다. 요가를 통해 겸손을 배움과 동시에 나의 가능성도 확인할 수 있었다.

또 좋은 스승님들도 만났다. 그들과 수련하면서 몸과 마음을 갈고 닦는 법을 배웠다. 그중 여동구, 이정은 두 분 스승님은 정말 존경한다. 그분들을 만나 수련하면서 살아가는 법을 배웠다. 아팠던 경험은 좋은 가르침의 기회임을, 스승이 강해야 제자들이 믿고 따라온다는 사실을, 스스로 한계를 짓지 말아야 함을, 할 수 있어서 하는 게 아니라 하다 보니까 할 수 있게 되는 것임을, 잘하는 사람들을 자꾸 눈 안에 담아야 함을 체득했다.

몸은 우리에게 많은 걸 가리키는 지표다. 몸이 유연해지는 만큼 마음도 유연해진다. 강해지는 만큼 외부의 자극에 흔들리지 않고 단단해진다. 그래서 요가는 나의 안식처다. 무슨 일이 있을 때면 늘 요가원으로 달려가는 이유다. 단언컨대, 평소에 몸을 단련함으로써 마음을 단단하고 차분하게 만들어 놓으면 무엇이든 그 본질을 더욱 또렷이 볼 수 있는 통찰이 생긴다.

앞서도 말했듯 요가를 하면 좋겠지만 요가가 아니어도 좋다. 나를 단련할 운동을 통해 자신만의 세이프티 존

을 만들어보자. 모두가 그런 건 아니지만 대체로 많은 이
들이 힘들면 정신적으로 다른 사람에게 기대려고 한다.
하지만 그래서는 힘든 그 상황을 해결할 수 없다. 한 치
앞도 모르는 게 인생이고 세상살이다. 타인에게 변수가
생기지 말란 법이 어디 있는가!

　건강한 몸에 유연하게 사고하는, 내면과 외면을 단단
하게 갖춘 사람! 그렇게 되는 순간 어떤 일이 벌어지더라
도 자신이 자신의 가장 강력한 스폰서임을 확연히 느끼
게 된다.

목표를 널리 말하자

꿈이 실현되는 법칙을 믿는가? 나는 믿는다. 그중 하나가 공표(公表)다. 말에는 힘이 있다. 이루고 싶은 꿈을 사람들 앞에서 반복해 말하는 것, 즉 본인의 목표를 많은 이들에게 널리 알리면 알릴수록 말의 힘은 막강해진다.

나는 원하는 일이나 달성하고 싶은 뭔가가 생기면 버릇처럼 입 밖의 말로 꺼냈다. 보험업 전사 1위를 할 때도 시작 전부터 회사 사람들에게 말했다.

"이번 경진대회에서 제가 1등 할 거예요."

말을 뱉는 순간 목표가 내 귀를 통해 다시 한 번 되새겨졌다. 그리고 그 말을 들은 주위 사람들에게도 각인

되었는데, 들은 말이 있으니 그들은 당연히 나를 꾸준히 지켜볼 수밖에 없다. 그렇게 내가 1등을 하기 위해 노력해야 할 환경이 강제로 설정되어 버렸다.

기적은 얼마든지 일어난다. 많은 이들 앞에서 뱉은 말은 쉬지 않고 뇌리를 맴돌았고, 어떻게 그 일을 이뤄낼 수 있을까에 늘 포커스가 맞춰졌다. 그러니 일단 행동할 수밖에 없었는데, 그 행동이 반복되면서 점점 목표에 다가갔으며, 마침내 1등을 하고 말았다.

그러나 세상에는 우리의 집중을 방해하는 요소들도 무척 많다. 곳곳에 포진한 달콤한 유혹들은 언제든 우리를 꾀어내려 호시탐탐 노린다. 그 순간을 이겨내고 목표를 이루기 위한 행동들을 묵묵히 해나가려면 실패했을 때의 타격감을 확실히 느낄 수 있어야 한다. 그렇게 볼 때 특히 체면을 중시하는 대한민국 사회에서 공표는 타격감을 맛보기에 충분하다.

사실, 말하지 않으면 실패를 해도 자신만 느끼는 약간의 수치스러움과 스크래치 난 자존심 정도만 추스르면 그만이다. 물론, 자기애가 강한 사람들은 그보다 좀 더 큰 타격감을 느낄지는 모르지만……

#새벽수련 #공표하기 #기록하기
#비전시각화 #목표수치화 #교록
#간활착단식 #점긴 #감사표현

반면, 말로 공표했을 때는 자신이 생각했던 수준을 넘어서는 에너지를 발휘하게 된다. 한계가 확장된다. 게다가 공표하고 성공하면 성공한 대로 행복해진다. 말한 대로 되지 않았다고 해도 행동했다면 그 경험이 다음 도전에 분명한 밑거름이 된다.

인생은 장기전이다. 공표의 힘을 반드시 사용해보자. 당장 시작하기에 아주 좋은 자기계발법이다. 공표를 어려워하는 이들은 자기애가 강한 사람들일 가능성이 크다. 자기애가 지나치면 도전이 어렵다. 못나고 부족한 자신을 마주하기가 두렵기 때문이다. 그래서 자꾸만 자신을 컴포트존(comfort zone)에 가두어 놓으면서 편안함만 추구하려 한다. 도전하지 않으면 발전도 없다!

"쪽팔린 건 잠깐이야, 순화야."

어릴 적 엄마에게 종종 듣던 이 말은 내 자의식에 큰 영향을 미쳤다. 내가 공표를 두려워하지 않는 이유다. 나에게 도전은 설레고 쉬운 일이었다. 발전된 내 모습, 새로운 내 모습을 발견하는 행위였으니까! 행동해야 그다음도 있다. 나의 부족한 부분을 발견하는 그 지점이 성장의 시작점이다.

어떤 사람이 되고 싶은지만 생각하자. 말의 힘을 믿고 그것을 많은 이들에게 소리 내어 이야기하자. 말에 포함된 책임이 위기를 기회로 바꿀 힘을 만들어낸다. 스스로에게서 나오는 그 힘을 확인해보자. 그러다 보면 조력자들도 생긴다.

사소하게 생각되는 말 한마디가 많은 걸 바꾸기도 한다. 타고난 재능이라곤 없는 내가 원하는 대부분을 성취할 수 있었던 이유는 말을 활용해 스스로 원하는 방향으로 나아가도록 주변 환경과 에너지를 조성하면서 나를 채찍질했기 때문이다.

이쯤에서 엄마가 어릴 적 박순화에게 해주던 그 말을 돈블리가 된 지금 독자들에게도 해주고 싶다.

"여러분, 쪽팔린 건 정말 잠깐이에요!"

과정이 가치를 만든다

기술은 점점 더 엄청나게 빠른 속도로 발전해 가며, 경쟁 또한 그만큼 심화하고 있다. 반면, 기술 발전에 따라 정보를 얻기에도, 능력을 갖추기에도 어려움이 없는 시대가 되었다. 실력은 기본이라는 뜻이다.

그렇다면 앞으로는 무엇으로 차이를 드러낼까? 지금까지가 스펙과 스펙의 비교였다면 앞으로는 노출하는 사람과 노출하지 않는 사람의 차이가 극명하게 드러날 것이다. TV나 영화 등에 등장하는 연예인이나 셀럽이 아닌 일반인도 자신만의 커뮤니티 또는 열렬한 팬덤 없이는 경쟁력을 갖추기 어렵다는 의미다.

소비자는 브랜드와 함께하면서 소속감과 정체성을

구축해나간다. 그런 시대에서 내가 브랜드라면 우리는 무엇으로 승부를 걸어야 할까? 바로 이야기다. 기능에 대한 단순한 어필은 더는 통하지 않는다. 이제는 브랜드의 탄생 배경, 그 브랜드가 발전해 나가는 과정에 사람들의 관심을 끌어들여 공감대를 형성시켜야 한다.

'돈블리'는 많은 사람에게 사랑받고 응원받는 박순화의 퍼스널브랜드로, 인스타그램으로 매일매일 모든 프로세스를 공유하는 습관 덕분에 구축되었다. 앞서 말했듯 2020년 10월에 처음 만들어진 돈블리 계정은 그 후 2년이 훌쩍 넘는 시간 동안 누가 보든 안 보든 업로드한 콘텐츠들로 인해 지금은 나의 경쟁력이 되었다.

사람은 본능적으로 타인과 프로세스를 공유하는 데서 행복을 느낀다고 한다. 돈블리는 아침에 일어나서 무엇을 어디서 어떻게 하고 있는지 인스타그램 스토리로 실시간 업로드한다. 또한, 그날그날 있었던 중요한 일들의 사진에 생각을 더해 게시글로 꾸준히 기록한다.

바로 그 기록이 세상이 나에게로 다가오게 만드는 통로다. 그 안에서는 나를 지켜보는 '누군가'가 반드시 있다. 그리고 그 '누군가' 중 몇몇은 분명히 나의 진가를 알

donvely_2020

1,690
게시물

3.4만
팔로워

7,449
팔로잉

돈 불리는 언니 돈블리
커뮤니티

💎 2022 @menshealth__korea 1st MH GIRL
🏆 억대 연봉 세일즈맨들의 선택 [압도적인 퍼스널브랜딩]
🎨 #돈블리처럼퍼스널브랜딩하기 #돈블리와함께성장 🔥
🌿 [네이버블로그 & 인스타그램 왕초보 탈출 필독서]
🌿 가르침은 말이 아니라 삶이다.
menshealthkorea.com/%25EC%2582%25AC%25EB...

프로페셔널 대시보드
최근 30일 동안 계정 154만개에 도달했습니다.

돈블리는 그날그날 중요한 일들의 사진에 생각을 더한 스토리를 인스타그램에 꾸준히 업로드한다. 바로 그 기록이 세상이 나에게로 다가오게 만드는 통로다. 그 안에서는 나를 지켜보는 '누군가'가 반드시 있다. 그리고 그 '누군가' 중 몇몇은 분명히 나의 진가를 알아준다.

아준다. 인스타그램에서 만난 수많은 우연이 필연으로 바뀌는 순간이다.

세상은 변했다. 원하는 것을 명확히 하고 그 방향으로 먼저 움직이면 무엇이든 완벽하게는 아니더라도 성취가 가능하다. 생각보다 넓고 크고 기회가 넘쳐나는 이 세상 어느 곳에서 당신을 필요로 할지 모른다.

급변하는 이 시대는 정답을 요구하지 않는다. 누구든, 언제든 다를 수 있고, 틀릴 수 있다. 그걸 전혀 이상한 눈으로 보지 않는다. 목표를 향한 내 생각과 진정성이 담긴 게시글 하나하나의 힘은 그래서 강력하다. 그러니 자신을 드러내는 데 주저함을 없애자. 힘이 되는 동반자는 반드시 나타난다.

관심을 끌기는 쉬워도 마음을 사로잡기는 어렵다. 신뢰는 누적된 증거와 꾸준한 성과에서 나온다. 단 한 사람이라도 내 이야기를 듣고 있다면 거기서부터 나의 팬덤이 만들어진다.

이처럼 과정이 가치가 되는 시대에서 나를 알리는 가장 효과적인 도구는 SNS다. 누군가에게는 블로그가, 유튜브가, 카카오톡이, 페이스북이 잘 맞을 수 있고, 또 누구는 돈블리처럼 인스타그램을 활용할 수도 있다. 시도를 주저하지 말고 자신에게 맞는 플랫폼을 찾아내자. 내가 꾸준히 올릴 수 있는 게 영상인지, 글인지, 사진인지 확인해보고 당장 시작하자.

퍼스널브랜딩 강의를 할 때 종종 '올릴 내용이 없다'거나 '특별한 게 없다'고 말하는 사람들을 본다. 우리는 모두 각자 다양한 특성으로 하루를 보낸다. 누구라도, 언제라도 똑같은 하루가 아니다. 각자의 개성으로 형성된 유일무이한 사람이기 때문이다.

나의 하루 중 관심 있는 것부터 차근차근 업로드해보자. 하다 보면 하고 싶은 것들이 생기고, 플랫폼에 익숙해질수록 활용 능력도 크고 다양해진다. 차이는 꾸준함에서 나온다. 남들과 다른 스토리와 경험을 알리는 이 과정이 곧 나의 독보적인 경쟁력이다.

꿈은 시각화하고
목표는 측정 가능하게

자기계발에 관심 있는 분들이라면 R=VD(생생하게 꿈꾸면 이루어진다) 개념을 한 번쯤은 들어봤을 것이다. 그렇다면 꿈을 생생하게 꾸려면 어떻게 해야 할까? 꿈이 시각화되어 있어야 한다.

나는 열심히 사는 첫 번째 이유가 소중한 가족들과 행복한 일상을 꾸리고 지키기 위해서다. 아직 어리다면 어리고, 짧다면 짧은 생을 사는 중이지만, 오빠의 교통사고를 통해 삶이 순탄치만은 않다는 사실을 일찍이 뼈저리게 느꼈다. 사고는 언제 날지 모르며, 그 사고가 닥쳤을 때 경제적, 정신적으로 준비되어 있지 않으면 혹독한

대가를 치러야만 한다는 뼈때리는 교훈은 내 가슴속에서 아직도 절절 끓는다. 그래서 나는 매일매일 최선을 다해 산다.

핸드폰 배경 화면 또한 엄마와 활짝 웃으며 찍은 사진이다. 해놓은 지 이미 오래로, 나의 선명한 꿈인 가족들과의 행복한 삶을 늘 잊지 않기 위함이다. 그렇다고 그 과정이 항상 넘치는 에너지로 기운이 팔팔한 건 아니다. 열심히 달리다 보면 지칠 때도, 가끔은 다 때려치우고 싶은 순간도 있다. 인간인데 어찌 그렇지 않겠는가! 하지만 그때마다 엄마와 함께 찍은 사진을 보며 마음을 다잡는다. 내 말은 꿈은 항상 이처럼 가까이에서 시각화되어 있어야 뜻이다. 보는 것만으로도 바닥난 에너지를 충전시킬 수 있으니 말이다.

비전을 현실화하려면 그 꿈에 닿기 위한 작은 목표들이 있어야 한다. 그리고 그 목표들은 측정 가능해야 한다. 그래야 도달하지 못했을 때 개선이 가능해진다. 측정이 안 되면 어디서부터, 무엇부터 잘못되었는지 알 수 없거나 애매모호해 수정이 어렵다.

경제적 자유까지는 아니더라도, 경제적 안정을 위해

보험업을 선택했을 때 업계에서 1위를 하고 싶었다. 돈블리라는 브랜드로 한 획을 긋고 싶었다. 한 만큼 성과가 나오는 직업인 데다 노력만큼은 꾀를 부리지 않는 나였기에 잘할 거란 자신감도 있었다.

보험영업은 보험도 잘 알아야 하고 영업도 잘해야한다. 먼저 내가 해야 할 일이 무엇인지를 생각해보았다. 많은 사람을 만나야 했다.

'그래. 만나는 사람들에게 진정성을 담아 컨설팅을 해주다 보면 보험에 대한 전문성도 갖추고 계약률도 자연스럽게 올라갈 거야.'

먼저 100명과 보험 상담하기를 목표로 잡았다. 같이 교육받은 신입 설계사 동료들은 거절당하면 마음 아파했지만 나는 그렇지 않았다. 계약 여부를 떠나 이 상담들이 모두 내 뼈가 되고 살이 된다는 생각에 거절도 승낙도 모두 감사했다. 나에게 귀한 시간을 내어줘 고마웠고, 내 포트폴리오가 차곡차곡 쌓여간다는 생각에 하루하루가 뿌듯했다.

보험에 미친 사람처럼 휴일도 없이 한 건 두 건 카운팅해 가면서 상담 케이스들을 정리했다. 그러다 보니 어느 순간 자신감이 붙고, 실력 또한 조금씩 늘더니 입사 6

개월 만에 전사 1위라는 실적을 달성했다. 그 후로도 판매 건수 챔피언, 보험료 챔피언 등등 수많은 타이틀이 돈블리라는 브랜드 앞에 달렸고, 그것들이 또 자연스럽게 돈블리를 알리기 시작했다.

가슴 뛰는 꿈은 늘 가까이에서 볼 수 있게 시각화되어 있어야 한다. 나는 이제 이루고 싶은 꿈이 있으면 포스트잇에 적어 벽에 붙여놓는다. 닮고 싶은 사람이 있을 때도 마찬가지다. 그분과 함께 찍은 사진이 있다면 그 사진을 인화하고, 없으면 그분의 사진을 찾아 집안과 사무실 곳곳에 붙인다.

더불어 반드시 측정 가능한 목표를 설정하고 인스타그램 스토리와 하이라이트를 본격적으로 활용한다. 목표에 맞는 핵심 행동을 정해 챌린지하듯 매일 수행하는 보통의 일과를 스토리에 시간대별로 업로드하는 것이다.

예를 들어, 체중 감량 목표가 생겼다고 치자. 목표 달성을 위해 간헐적 단식 16시간을 100번 하는데, 간헐적 단식 16시간을 성공하면 인스타그램 스토리에 인증을 올리고 하이라이트에 담는다. 하이라이트란 폴더와 같은 개념으로 100개까지 넣을 수 있다. 그렇게 폴더 이름을 간

혈적 단식으로 바꾸고 그 안에 16시간 간헐적 단식 인증 100개를 모은다. 그러면 체중 감량이 안 되려야 안 될 수가 없다. 그리고 이 과정은 사실 돈블리가 실제로 체험한 체중 감량 방식이다.

누가 됐든 이처럼 자신의 목표를 시각화하고 그에 도달하기 위해 고군분투하는 모습, 성장하기 위해 애쓰는 모습을 지켜본 사람들이라면 마음 한구석에서부터 애정과 신뢰를 싹틔우게 되지 않을까!

너, 아카데미 또 들어?

배우지 않는 이에게 성장이란 있을 수 없다. 그 어디보다도 치열한 세일즈 업계에는 '교포영포'라는 말이 있다. "교육을 포기한 자는 영업을 포기한 자, 영업을 포기하라"의 줄임말이다. 자기 본연의 힘만으로는 성공할 수 없다. 앞서간 이들의 실력과 노하우를 배워 본인의 것으로 만들어야 한다.

사람들은 종종 돈블리에게 어떻게 그렇게 다양한 일들을 해내냐고 묻는다. 비결이라면 수천 권의 독서와 다양한 아카데미 수강에 돈을 아끼지 않았기에 가능하다고 생각한다. 교육에는 정말 과하다고 할 만큼 아끼지 않는다. 내게 필요한 능력을 갖고 가르치는 사람들에게 배우기 위해서라면 비용이 많이 들어도 주저하지 않고 그 값을 치른다. 그리고 열정적으로 교육에 임한다.

특히, 아웃풋을 해야 하는 배움을 좋아한다. 필라테스 강사가 꿈인 사람이 필라테스 강사 양성 교육과정을 수료한다고 예를 들어보자. 몇 달 뒤 강사로서 수업을 해나갈 자신의 모습을 상상하면 교육받는 매 순간순간이 무척 절실해진다. 비록 지금은 아마추어지만 이 교육과정이 끝나면 다른 프로 선생님들처럼 현장에서 강사로 서야 한다고 생각하면 등골이 서늘해진다. 배움의 농도가 남다를 수밖에 없다.

돈블리가 가장 잘하는 것 중 하나가 배움을 돈으로 바꾸는 능력이다. 돈 버는 교육을 참 잘도 찾아다녔다.

대학에서 국문학을 배울 때는 초·중·고 입시학원에서 국어와 영어 수업을 담당했다. 사회에 나와서는 먼저 필라테스와 요가 지도자 과정을 수료하고 사람들의 몸과 마음을 단련하는 강사 생활을 해왔다. 또한, 라이브커머스 아카데미를 수료한 후에는 쇼호스트로 활동하면서 다양한 라이브커머스 판매대전 심사위원 역할도 맡고 있다. 그리고 최고의 모더레이터인 MKYU 김미경 학장

삶은 긴 여정이다. 그리고 성공의 기준은 사람마다 다 다르다. 돈블리가 생각하는 성공은 삶 속에서 자신의 다양한 모습을 발견하고, 좋아하고 잘하는 뭔가를 끊임없이 찾으며, 그 과정에서 주변 사람들과 기쁨과 슬픔 등 느끼는 감정을 교류하면서 함께 성장해 나가는 것이다.

님과 정지훈 교수님이 지도한 NFT BUSINESS CLUB에 참여해 Trabbit이라는 NFT도 발행해보았다. 거기에 더해 수많은 온라인 클래스를 통해 SNS와 커뮤니티를 배우고 인플루언서가 되어 억대 연봉 영업인들을 대상으로 인스타그램 퍼스널브랜딩 컨설팅도 한다.

삶은 긴 여정이다. 그리고 성공의 기준은 사람마다 다르다. 돈블리가 생각하는 성공은 삶 속에서 자신의 다양한 모습을 발견하고, 좋아하고 잘하는 뭔가를 끊임없이 찾으며, 그 과정에서 주변 사람들과 기쁨과 슬픔 등 느끼는 감정을 교류하면서 함께 성장해 나가는 것이다.

교육을 통한 남다른 경험을 바탕으로 끊이지 않는 강연 요청을 받는 돈블리. 전국을 돌아다니며 많은 사람을 만나 나를 발견하고 감정을 공유하며 함께 성장하는 돈블리. 그렇게 에너지가 충만한 삶을 보내는 돈블리는 나름 생각하는 성공으로 나아가는 중이다.

교육을 받고 안 받고는 자기의 자유다. 하지만 배움의 길을 선택한다면 절대 후회하지 않을 것이다. 어떤 교육이든 나를 발견해가는 과정이기 때문이다. 사람에게는 단 한 가지 능력만 있는 게 아니다. 많고도 다양한 색깔을 가졌고, 잘할 수 있는 일들 또한 무궁무진하다. 따라서 조금만 부지런히 움직인다면 삶이 훨씬 다채롭고 재밌어진다.

　　여러 분야의 교육을 꾸준히 받고 다양한 경험을 하면서 스스로 감탄한 적이 많다. '와! 이런 모습도 있네?', '이런 것도 잘하네?', '이런 걸 좋아하네?' 하며 내가 생각 이상으로 꽤 괜찮고 멋진 사람임을 알았다. 그러니 책을 사는 데, 교육을 받는 데 기꺼이 돈을 쓰자. 분명 이전에는 겪지 못했던 근사한 일들이 눈 앞에 펼쳐지리라 확신한다.

절제는 비움 아닌 채움

16kg을 감량했다. 하루아침에 해낸 건 아니다. 몇 년에 걸쳐 식습관을 개선하면서 노력한 결과였다. 삶을 잘 살아내고 싶었다. 그게 간헐적 단식을 시작한 단 하나의 이유다.

인생은 결코 단순하지도, 생각한 대로 흘러가지도 않는다. 누구보다 많이 일하고 바쁘게 지내다 보니 나를 살피고 돌보는 일에는 매우 소홀했다. 일, 집, 일, 집을 반복하면서 흡입하듯 급하게 밥을 먹었고, 몸이 피곤하니 단것들로 일상을 채웠으며, 퇴근해서는 주저 없이 야식을 챙겼다.

그러던 어느 날, 체중계에 올라 눈을 비비고 쳐다보니 코앞에 60이라는 숫자를 두고 있는 게 아닌가! 묵직하게 불어 뒤틀린 몸의 밸런스처럼 삶의 밸런스가 뒤엉킨 듯해 마음이 무거웠다.

'지금 이 상태에서 당장 내가 할 수 있는 게 뭘까?'

생각했다. 다른 건 몰라도 내 몸만큼은 내 의지대로 바꿀 수 있겠다는 판단이 들었다.

다이어트를 제대로 배워본 적이 없어 날을 한번 잡아 쫄쫄 굶어봤다. 도저히 사람이 할 짓이 아니었다. 지금의 돈블리는 수많은 환경설정을 통해 탄생한 페르소나이지 실제로 그렇게 의지력이 강한 사람이 아니다. 오해하지 마시라.

그러다가 간헐적 단식이라는 걸 알게 되었다. 하루에 12시간만 공복으로 있으면 된다고 하니 나 같은 의지박약도 그 시간을 잠으로 때우면 충분히 가능하겠다 싶었다. 물론, 12시간씩 잠을 잔 건 아니다. 그렇게 하루, 이틀, 사흘이 지나니 어느새 그 패턴이 습관화되었는데, 그때쯤 전보다 훨씬 가벼워진 몸을 발견했다. 기뻤다! 누가 알아주지 않아도 일단 자신과의 약속을 지킨 스스로가 너무 뿌듯했다. 가벼워진 몸만큼이나 마음도 가뿐했고, 무엇이든 다 할 수 있을 것만 같은 자신감이 가슴속에 차올랐다.

간헐적 단식을 하다 보니 공복 시간만큼 위가 줄어드는 듯한 느낌을 받았고, 음식 먹는 양을 조절할 줄 알게 되면서 절제를 익혔다. 섭취를 제어함으로써 삶을 통제하는 방법을 배운 것이다. 또 떠올리고 싶지 않은 과거의 나와도 안녕(?)을 고했는데, 여기에서의 안녕이란 '굿바이'와 '만남' 두 가지를 모두 의미한다. 몸이 변하며 이전과는 사뭇 다른 새로운 내 모습을 만나게 된 한편, 과거 마음에 들지 않던 내 모습을 제대로 직시하며 스스로 안아줄 수 있었으니 말이다. 간헐적 단식은 나를 그렇게 한 사람의 인간으로서 불완전한 모습까지 인정할 줄 아는 어른으로 성장시켰다.

체중 감량의 경험은 자신을 어떻게 키워나가야 하는지 알려주었다. 해볼 만한 행동을 정하고 무식하게 그 과정을 해나가는 것! 관성이 발동했으나 그런 방식으로 하나둘 좋은 습관들로 하루하루를 채워나갔다. 그러자 더 나은 내 모습, 돈블리에 걸맞은 건강한 자존감이 마음 한구석에서부터 꿈틀꿈틀 올라왔다. 그리고 성장 속도에 따라 그 자존감의 싹도 무럭무럭 자라나 충만해졌다. 늘 바깥으로 향했던 시선 때문에 어지럽던 내면도 나에게 집중하게 되면서 고요해졌다.

절제는 비우는 게 아니라 채움이었다. 자연스럽게 나쁜 것들을 멀리함으로써 자신을 학대하지 않게 되었다. 몸이 건강하게 바로 서자 더 올곧게 삶을 살고 싶다는 생각이 들었다. 더 건강한 것들로 내 안과 주변을 가득 채우고 싶었다. 감정은 날씨와 같아 내 맘대로 온전히 제어할 수는 없지만, 그에 대응하는 행동들은 바꿀 수 있었다. 적어도 지금의 나는 스스로를 해치는 행동은 하지 않는다.

자그마한 행동 하나라도 괜찮다. 자신을 더욱 바람직한 방향으로 바꿀 수 있는 사소한 약속들로 다시는 오지 않을 소중한 하루를 채워나가 보자. 우리는 행복해야 마땅하다. 그럴 자격이 있다!

방부터 정리를

가끔 드라마를 볼 때면 부잣집들은 대개 깨끗하게 나온다. 바닥에 물건도 없고 여백이 많다. 반면, 가난한 집들은 잡동사니들이 널려 있어 협소한 공간이 더욱 숨 막히게 묘사된다. 부자는 누구나 모두 깨끗하게 해놓고 산다거나 잡동사니를 널어놓고 사는 사람이 모두 가난하다는 조사 결과나 통계가 있는 건 아님에도 그렇다. 그렇다면 드라마에서는 도대체 왜 그렇게 보여줄까? 현실에서도 대체로 그렇기 때문이다.

사람을 함부로 판단할 수는 없다. 그래서도 안 된다. 하지만 그가 머무는 공간을 보면 대체로 그의 성향과 일

깨끗한 공간에는 긍정 에너지가 들어온다. 그리고 그
에너지가 우리를 더 건강하고 건설적인 방향으로 이
끈다. 당장 방에서 더럽고 불필요한 물건들을 하나씩
치워보자. 내 방뿐 아니라 주변이 온통 환해진다.

처리 방식을 어림짐작할 수는 있다. 물론, 정리와 청소를 잘하면 부자가 되고, 못 하면 가난하게 산다는 말이 아니다. 그게 진리라면 어느 누가 정리에 소홀하겠는가!

그런데 생각해보자. 눈앞 물건 하나 제대로 정리하지 못하는 사람이 인간관계, 돈, 생각, 커리어 등을 잘 처리해 나갈 수 있을까? 가능성은 그리 크지 않다. 정리가 바로 자신이 바라는 삶의 시작이 될 수 있다는 뜻이다. 특히, 물건과 정보가 풍요롭게 나도는 시대인 만큼 우리는 더 잘 정리하는 힘이 필요하다.

일이 잘 풀리지 않는가? 당장 방 정리부터 시작해보자. 내가 자고 일어난 침구부터 설거지, 빨래, 화장실까지 내 손으로 청소해보자. 청소에는 인생을 호전시키는 힘이 있다. 만약, 도통 무엇부터 어떻게 정리해야 할지 모르겠다면 다음 몇 가지만 실천해보자.

첫째, 바닥에는 물건을 두지 말자. 신기한 게 잡동사니는 또 다른 잡동사니를 끌어당기는 힘이 있다. 바닥에 물건을 하나 놓아두면 그 옆으로 고만고만한 것들이 하나둘 걷잡을 수 없이 쌓인다. 분명 그런 경험들을 해봤을 것이다. 그러니 처음부터 발에 치이는 게 없도록 공간을 유지하자.

둘째, 1년 동안 쓰지 않은 물건은 버리자. 1년이나 쓰지 않은 것이라면 앞으로도 쓸 가능성이 없다. 아까워서 못 버리겠으면 주위에 나눠주자. 그것도 방법의 하나다. 하지만 나는 대체로 바로 버린다. 내가 쓰지 않고 오래 묵혀둔 물건은 결국 남에게도 그리 매력적이지 않기 때문이다. 그 집에서도 우리 집에서처럼 쌓여만 있을 가능성이 크다. 또 누군가에게 준다고 생각하면 버리고 비우는 일을 나중으로 미루게 된다. 그래서 나는 바로 처리하는 걸 좋아한다.

셋째, 욕실 청소를 매일 깨끗하게 하자. 화장실 청소는 가능하면 차일피일 미루고 싶은 영역이다. 게다가 습기로 인한 물때나 변기를 청소하자니 몸이 썩 내켜 하지 않는다. 하지만 화장실은 청소하기 싫은 곳이면서도 하루의 피로를 말끔하게 씻어내는 곳이다. 깨끗해야 오늘을 정리하고 내일을 기분 좋게 시작할 수 있다.

앞서도 언급한 것처럼 자신이 평소에 만나는 사람 다섯 명의 평균이 자신이라고 한다. 나는 더 나아가 내가 머무는 공간도 곧 나를 나타낸다고 생각한다. 사실, 사람이라면 정리하고 비우다가도 아까운 마음이 드는 게 인지상정이다. 그래서 정리가 어렵다.

그런데 다르게 생각해보자. 정리를 하다 보면 새로운 물건을 들일 때 꼭 필요한지 두 번 세 번 고민하면서 신중하게 접근하게 된다. 결과적으로 쓸데없는 지출을 막는다. 또한, 불필요한 물건들을 솎아내다 보면 내가 무엇을 좋아하고 싫어하는지도 명백해진다. 남겨놓은 물건들을 보면 아주 선명해진다. 물건들 속에 쌓여 있을 때는 몰랐던 자신의 취향을 발견하게 되는 것이다.

또 주변을 깨끗하게 만들다 보면 나쁜 에너지가 정화되는 느낌을 받는데, 끌어당김의 법칙을 세게 믿는 나는 공간도 마찬가지라고 생각한다. 예를 들어, 돈이 스며드는 공간을 보자. 은행이나 백화점이 더럽고 지저분한가? 그런 곳이 있기는 할까?

깨끗한 공간에는 긍정 에너지가 들어온다. 그리고 그 에너지가 우리를 더 건강하고 건설적인 방향으로 이끈다. 당장 방에서 더럽고 불필요한 물건들을 하나씩 치워보자. 내 방뿐 아니라 주변이 온통 환해진다.

감사는 힘이 세다

'감사'의 힘은 막강하다. 감사한 만큼 행복해진다. 인간은 가만히 있으면 긍정적이기보다는 부정적인 생각이나 감상에 빠질 때가 많다. 이처럼 쓸데없는 부정에 잠식당하지 않으려면 감사의 힘을 빌려야 한다. 생각만 하는 게 아니라 글로 쓰고 말로 입 밖으로 뱉어야 한다. 그러면 부정적 에너지가 긍정의 에너지로 전환되는 마법 같은 일이 벌어진다.

삶의 모든 자취는 혼자 걸어온 발걸음이 아니다. 주위를 둘러보고 조금만 생각해보자. 감사할 일들이 얼마나 많은가! 감사를 표현하면 삶이 충만해지는 걸 느낄 수 있다. 또한, 감사는 전염된다. 표현하면 할수록 감사할 일들이 더 많아진다.

내 주변의 성공한 사람 중에는 감사에 인색한 사람을 단 한 명도 보지 못했다. 자수성가한 이들일수록 감사 표현이 습관처럼 몸에 배 있었다. 그 유명한 알베르트 아인슈타인도 하루에 백 번씩 스스로 감사를 일깨웠다고 하니 말해 무엇하랴!

당장 감사한 일 열 가지만 떠올려보자. 그리고 입 밖으로 고맙다고 말해보자. 어렵지도 않은 데다 돈도 안 드는 사소한 이 말 한마디가 인생을 분명 더 나은 방향으로 이끌 것이다.

돈블리는 주변 분들에게 감사 인사를 아낌없이 퍼붓는다. 어느 면에서는 모나고, 어찌 보면 참으로 모자라는 '돈블리'라는 사람과 인생 여정을 함께해 주심에 단전에서부터 우러나오는 진심의 표현이다. 그것만으로도 어떤 인간관계든 원활하고 순조롭게 이어나갈 수 있었다. 감사에는 사람들의 협력을 끌어내는 신비한 힘이 내재되어 있기 때문이다.

세상에는 수많은 자기계발서와 성공 관련 강의 및

콘텐츠들이 쏟아져 나온다. 그런데 그 어떤 것에서든 늘 빠지지 않고 나오는 게 무엇인지 아는가? 바로 '감사'다. 그만큼 감사는 중요하다.

돈블리는 말의 힘도 믿고 운도 믿는다. 말의 힘이 얼마나 강한지 안다면, 그것을 느낀 분들이라면 아마 돈블리 같은 '감사쟁이'일 가능성이 크다. 원하는 모든 것들을 끌어당기는 주문! 그것이 바로 '감사합니다'이다.

'끌어당김의 법칙'이라는 말을 들어보았는가? 비슷한 것들끼리 모이는 현상을 말하는데, 나부터가 긍정적이어야 긍정적인 사람들이 곁에 모인다. 그렇게 모인 긍정적인 이들과 함께 성실하고 꾸준하고 열정적이고 밝은 에너지 파동을 발현함으로써 좋은 결과가 자석처럼 달라붙게 만든다.

윈스턴 처칠의 말 중에 좋아하는 구절이 있다.

"나로 말할 것 같으면 긍정주의자인데, 다른 주의자가 돼봤자 별 쓸모가 없을 것 같기 때문이다."

맞다. 부정을 말해봐야 좋을 게 하나도 없다. 이는 세상을 바라보는 관점이자 태도에 관한 문제다. '감사합니다'라는 표현이 그 무엇보다 우선하는 삶의 정답이라고는

말할 수 없다. 하지만 세상을, 인생을 보다 밝게 바꾸는 이들은 감사의 힘을 아는 사람들이었다.

우리의 생각이 우리를 만들고 결정짓는다. 삶은 천년 만년 이어지지 않는다. 그러므로 먼 미래가 아닌 오늘 하루부터 잘 살아내야 한다. 큰 변화도 매 순간 내가 선택한 작은 행동들로 시작된다. 가치 있는 삶을 위해 하루를 감사로 채워나가 보자. 반복적으로 말하는 감사가 놀랍게도 머지않아 사방을 울리는 값진 메아리가 되어 돌아옴으로써 그토록 고대하던 순간을 맞게 된다.

기 회 를

끌 어 당 기 는

힘

#모자이크
#다가가기
#평가
#실패
#최고
#질문
#사랑
#히말라야
#묵언

이제는 실행을 위해
용기를 낼 때

인생은 자기 삶의 모자이크 조각을 모아가는 일이다. 실제로 나는 스물여덟 나이에 10개가 넘는 직업과 그에 따른 파이프라인을 구축했다. 그리고 그 과정 동안 숱한 도전과 고난을 극복한 경험은 내게 강력한 경쟁력을 가져다주었다.

　스무 살이 된 순간 가장 기뻤던 이유 중 하나는 부모님 동의 없이, 내 의지로 돈을 벌 수 있다는 사실이었다. 나 하나쯤은 내가 충분히 먹여 살릴 수 있는 나이가 되었다는 게 뛸 듯이 기뻤고, 살아가는 데 당당한 자신감으로 작용했다.

누구든 맨몸으로 태어나 맨몸으로 돌아간다. 지구별에 온 이상 가장 즐겁게 살다 간 사람이 위너다. 그래서 해보고자 하는 건 다 경험해보리라 생각했고, 마지막에는 이렇게 외치는 사람이 되고 싶었다.

"재밌게 살다 갑니다!"

스물네 살, 영어학원에서 강사로 일할 때였다. 열정과 호기심에 가득 차 서울까지 매일 KTX를 타고 오가며 영어 수업을 들었다. 내가 무슨 원대한 꿈을 실현하기 위해 저렇게 사나보다 생각한 사람들이 왜 그렇게 죽기 살기로 영어 공부를 하느냐고 물었다. 그런데 내 이유는 늘 그렇듯 아주 단순했다.

"지금 가르치는 선생님이 너무 멋있어요. 이분께 영어를 배우고 싶었거든요. 뭐 굳이 소소한 꿈을 말하자면 해외에 나가 바닷가 근처에서 아이스크림 정도는 팔아보고 싶어요."

이처럼 단순 무식하게 마음 가는 대로 살아왔다. 이 책도 그렇게 시작되었다. 책을 좋아해서인지 작가들이 너무 멋져 보였다. 지금도 마찬가지다. 책을 쓰고 싶었다. 하지만 내 생각에 별로 쓸 이야기가 없었다.

'어떻게 해야 하지? 쓸 거리를 열심히 만들어야지. 그러려면 많은 도전을 해야 해.'

그 후부터 무엇에라도 기회가 생기면 도전했다. 그리고 기뻐 소리쳤다.

"오예! 미래의 내 책에 한 줄 더 쓸 거리가 생겼다."

이렇게 하나둘 경험이 쌓이다 보니 많은 새로운 것들을 발견하고 느끼게 되었다.

'어라, 내가 이런 것도 잘하네. 이런 걸 재밌어하네. 세상은 상상 이상으로 크고 거대하고 내가 모르는 부분들이 많구나. 나의 가능성은 얼마나 무궁무진할까? 이런 것들을 모르고 죽었다면 얼마나 억울했을까! 내가 잘하고 좋아하는 것들을 더 많이 발견해줘야겠다. 나랑 맞지 않는 일을 견뎌내며 고통받을 필요는 없어. 좋은 기회가 곳곳에 널렸으니 열심히 부지런히 주우러 다니면 된다. 나랑 맞는 사람과, 내게 맞는 회사와, 나에게 맞는 일이 분명히 있구나. 용기를 가지고 행동하는 사람에게는 세상에서의 삶은 이렇게 멋진 거라며 잊을 수 없는 순간들을 선물해 주는구나!'

우주의 비밀을 알아버린 기분이었다. 신기했다.

이제는 무슨 일이 있으면 사람들이 나를 찾는다. 뭔가를 시작하거나 막힐 때 연락이 온다. 금융, 퍼스널브랜딩, 필라테스, 운동, 보디 프로필, 아카데미, 라이브커머스 등 정말 다양한 분야에서 계속 온다. 끝없이……

왜 그럴까? 나의 조언이 도움이 되지 않았다면 일회성에 그쳤을 게 뻔하다. 계속해서 나를 찾으며, 주변 사람들에게도 끊임없이 소개하는 건 도움이 된다는 뜻이다. 그리고 나는 그들과 함께 여러 가지 일들을 해결해 나가면서 간접경험을 계속 쌓는다. 남을 도왔는데 내가 한 뼘 더 성장하는 선순환이 일어난다.

박순화를 지금의 돈블리로 만든 단 하나의 비결을 꼽으라면 나는 실행력을 든다. 하나를 더하자면 실행을 하게 만드는 용기 정도다.

우리는 많은 일을 잘할 수 있고, 세상에는 우리가 좋아하는 것들이 널리고 널렸다. 지금 선 자리가, 곁에 있는 사람과의 사이가, 처한 상황이 버겁고 힘겹다면 한 번쯤 자신을 위해 용기를 내보자. 어설픈 발자국이라도 한 발 내디딜 용기, 부끄럽고 미숙한 자신을 있는 그대로 따스하게 바라보는 용기, 넘어진 자신을 보았을 때 씩씩하

어설픈 발자국이라도 한 발 내디딜 용기, 부끄럽고 미숙한 자신

을 있는 그대로 따스하게 바라보는 용기, 넘어진 자신을 보았을

때 씩씩하게 일으켜주는 그런 용기를 내보자.

게 일으켜주는 그런 용기 말이다. 그러면 얼마든지 원하는 삶을 만들어낼 수 있다. 모두가 자신이 원하는 대로 행복하게 살 수 있다.

자기 마음의 소리에 먼저 귀를 기울여야 한다. 그다음 용기를 내야 한다. 훗날 삶을 돌아봤을 때 인생이 자신이 원하는 색들로 가득한 모자이크 작품이 되어 있다면…… 아, 이 얼마나 가슴 뭉클한 일인가! 그게 바로 모두가 원하는 진정한 성공 아닐까!

#모자이크 #다가가기 #평가
#실패 #친고 #젊은
#사랑 #히밀란아 #몫안

내 눈에 빛나는 사람을
찾아가자

"뭐라도 해야 하는데 무엇을 어떻게 시작해야 할지 모르겠어요."

강의를 하다 보면 사람들이 종종 고민을 털어놓는다. 일을 잘하든 못하든, 돈이 많든 적든, 나이가 들었든 아니든 사람들은 생각보다 자신에 대해 잘 모르는 구석이 많다. 자신과의 대화가 부족해서, 현실이 바쁘다 보니 '나'를 자꾸 후순위로 미루기 때문에 벌어지는 일이다.

돈블리는 그럴 때 그동안 만나보고 싶었던 사람을 찾아가라고 권유한다. 내 눈에 반짝반짝 빛나는 그는 내가 좋아할 만한 뭔가를 말해줄 가능성이 크다. 그게 물질적인 것이든 정신적인 것이든 본인을 행복하게 해주리라 생각되면 시간과 돈을 아낌없이 투자하라고, 절대 후회하지 않을 거라고 말한다.

만약, 그런 선택들이 삶에서 많은 부분을 차지한다면 어떻게 될까? 더 행복해지지 않을까? 내가 좋아하고 잘하는 걸 스스로 찾아주는 건 정말 멋진 일이다.

무엇을 잘하고 좋아하는지 알려면 역설적으로 지금 잘못하고 좋아하지 않는 뭔가를 해보아야 한다. 그래야 그게 자신의 '결'과 맞는지 안 맞는지를 확인하고 자신에 대해서 알게 되는데, 그러고 나면 성장이 시작된다. 일단 지르고 수습하는 연습, 조금 거창하게 얘기하자면 선택을 하고 책임을 지는 연습을 꾸준히 하다 보면 미래를 주도적으로 개척해 나가는 실행 근육이 생겨 성장 속도에 탄력이 붙는다.

나는 선택에 앞서 늘 스스로 묻는다.

"박순화, 너 이거 하고 싶어? 이 사람 만나고 싶어?"

마음으로부터 'YES'라는 답이 나오면 그땐 계산기를 두들기지 않는다. 그냥 들이댄다. 비효율적이라 생각되는 일도 마다치 않으며, 주저 없이 나를 내던진다. 그렇게 삶에 열정적이고 진심인 사람에겐 세상이 분명 상상 이상의 것들을 선물해준다.

도전을 앞두고 머뭇거리는 사람들의 마음속을 들여다보면 한쪽에 막연한 두려움이 자리해 있다. 가보지 않았으니, 해보지 않았으니, 만나보지 않았으니 당연할지도 모른다. 하지만 눈 딱 감고 '용기'를 내 한 걸음 내디뎌보자. 그 순간, 그 막연한 감정의 장막이 걷히고 해야 할 일들이 눈앞에 놓이고, 그것들을 하나씩 해나가는 과정에서의 시행착오와 경험이 귀한 자산으로 남는다. 그리고 그것은 앞으로 무슨 일을 할 때 대체할 수 없는 막강한 힘이 되어준다. 그래도 두려운가? 잃을 게 무엇인가! 자기 마음에 쏙 들어맞는 것들을 발견할 뿐만 아니라 값진 경험과 능력까지 얻어낼 수 있지 않은가!

나의 영어 선생님 중에는 스피치의 대가인 이민호 님이 계신다. 앞서도 말했지만, 어찌나 빛이 나는지 영어는 그분께 꼭 배워야겠다 싶어 대구와 서울을 오가며 수업을 들었다. 건강상의 이유로 중간에 그만둘 수밖에 없긴 했지만, 수업 중 잊지 못할 말씀을 들었다.

"잘한 점, 못한 점이 아니라 잘한 점, 잘할 점으로 말을 달리하자. 그러면 생각이 아주 긍정적인 방향으로 가게 된다."

그분은 내 마음속에 그렇게 성장 마인드를 심어주었다. 영어만 배운 게 아니었다.

내 삶은 대체로 다 이렇다. 빛나 보이는 누군가를 주저 없이 찾는다. 그리고 곁에 머문다. 그들의 삶에 대한 태도와 마음가짐, 생각하는 방식을 눈으로 보고, 귀로 듣고, 살갗으로 느끼며 내 삶에 새겨나간다. 그러다 보면 어느새 분명 보다 성장한 내가 서 있음을 느낀다.

자신의 삶을 자신이 좋아하는 것들로, 잘할 수 있는 것들로 가득 채워 나가보자. 머지않아 멋진 일들이 생길 것이다.

어차피 가보지 않은 길,
빠르게 시작하자

'고민이 길어지면 용기가 줄어든다.'

이 말은 진리에 가깝다. 시작이 반이라는 말도 있지 않은가! 만약, 처음 와본 동네에서 점심 메뉴를 고른다고 해보자. 평소 좋아하는 메뉴를 눈을 부릅뜨고 찾아보니 A 와 B 두 군데 식당이 있다. 어느 곳으로 들어가야 할까? 어디로 가는 게 정답일까? 정답이란 게 있기나 한 걸까?

음식은 먹어봐야 알 수 있다. 식당 분위기, 청결도, 서비스 등등 맛있게 먹는 데 도움을 주는 모든 항목 또한 들어가 봐야 느끼고 판단할 수 있다.

그럼 다시 한 번 가정해보자. 고르고 골라 들어간 A

식당이 음식 맛이 형편없었다. 대체로 어떤 반응을 보일까? '아, 저 옆에 B로 갈걸' 하고 생각하며 선택하지 않은 길에 대해 아쉬워한다. 정말 그게 더 나았을까? 아니다. 생각의 오류다. B 식당의 음식이 더 맛없거나 신선도가 최악이라 먹고 배탈이 났을 수도 있는데, 아무런 근거도 없이 A보다 맛있을 거라고 단정한 데서 나온 말이기 때문이다.

바로 여기서 하고 싶은 말이 있다. 첫 번째는 모든 길을 다 가볼 수 없다는 것, 두 번째는 가보지 않은 길이 더 나았을 거란 확신을 접어야 한다는 것, 세 번째는 어떤 알고리즘으로 무슨 선택을 하든 결국 책임은 본인이 져야 한다는 것이다.

세상일에 정답은 없다. 자신의 선택을 최선으로 만들어갈 뿐, 선택에 대한 절대적인 평가의 기준은 있을 수 없고 존재하지도 않는다. 그러니 머뭇거릴 이유가 없다. 하고 싶은 일을 하면 된다.

여행을 생각해보자. 혼자든 둘이든 단체든 목적지를 정했다. 그럴 때 출발하는 순간부터, 아니 준비하는 과정부터 모든 일이 자기의 생각과 계획대로 매끄럽게 흘러

가는가? 그러기는 쉽지 않다. 집 밖을 나서는 그 순간부터가 다 미지의 세계다. 인원이 많으면 많을수록 변수는 더욱 늘어날 수밖에 없다. 수학여행 가는 날 학생들은 신이 나지만, 안전하게 통솔해야 하는 선생님들은 예민해지는 이유가 거기에 있다. 그러고 보니 돌아오는 날 파김치가 되도록 축 처져 피곤해 보이던 수학여행 때의 담임 선생님들 모습이 눈에 아른거린다.

우리는 혼자 살지 않는다. 모든 상황을 통제하기는 어렵다는 뜻이다. 그러므로 그때그때 상황에 따라 적절하게 문제를 해결하는 게 삶에서 완성도를 높이는 유일한 길이다.

무엇이든 우선 빠르게 시작해야겠다는 마음이 들었다면 반은 성공한 것이나 다름없다. 이제 시작만 하면 된다. 그러면 내가 걷는 모든 길이 성장과 성공으로 나아가는 통로가 된다. 잘 틀리고 많이 틀려봐야 한다. 부디 실천을 아끼지 말자. 숱한 경험을 통해 수많은 스킬을 가진 사람이 되자. 대체할 수 없는 사람이 갖는 아우라! 그것은 오직 경험에서 나온다.

세상일에 정답은 없다. 자신의 선택을 최선으로 만들어갈 뿐, 선택에 대한 절대적인 평가의 기준은 있을 수 없고 존재하지도 않는다. 그러니 머뭇거릴 이유가 없다. 하고 싶은 일을 하면 된다.

실 패 를 모 으 고 사 랑 하 자

실패를 하고 싶어서 하는 사람은 없다. 돈블리도 마찬가지다. 많은 도전을 하는 만큼 셀 수 없을 정도로 무수히 깨졌고 또 깨진다. 창피하고 수치스럽고 괴롭고 자존심 상한다. 하지만 안다. 실패의 경험들이 누구도 넘보지 못할 경쟁력을 갖춘 사람으로 만들어준다는 사실을!

그런 면에서 지금의 돈블리는 엄청난 자산가는 아니더라도 또래들에 비추어 봤을 때는 제법 경쟁력을 갖추고 있다고 생각한다. 주식으로 치자면 앞길이 탄탄한 가치주나 성장주쯤 된다고나 할까.

많은 이들이 도전했다가 포기하는 보험 세일즈 분

야에서도 전사 1위, 이커머스 세일즈 영역인 라이브커머스 판매대전에서도 1위를 했다. 그리고 이 능력을 인정받아 준정부기관인 코트라(KOTRA, 대한무역투자진흥공사)로부터 공로상을 받았다. 또 한류 인플루언서 대상 어워즈 콘텐츠 퍼포먼스 부문에서도 수상했다. 게다가 대한민국을 대표하는 건강잡지 맨즈헬스 코리아에서 선정한 MH Girl 1호였으며, 공교육기관과 기업 강의를 맡아 전국을 돌아다닌다. 더욱 탄탄한 커리어가 쌓이는 중이다. 이외에도 넘쳐 흐르는 자랑거리는 앞으로 훨씬 더 많아지리라 확신한다. 그러면 이렇게 되어서 가장 좋은 건 뭘까? 그것은 바로 일하고 싶을 때 일하고, 하고 싶은 일을 골라서 할 수 있다는 점이다.

하지만 실패 없는 성공은 불가능하다. 성공이라 불릴 만한 이런 결과들 또한 이전에 무식하리만큼 지속해서 도전하고 실패한 데 따른 성과다. 사실, 나는 평소에 '실패'라는 단어를 거의 사용하지 않는다. 어떠한 도전 앞에서도 내 프레임은 '성공과 실패'가 아니라 '경험과 성장'이기 때문이다. 그러니 손해 볼 게 하나도 없다.

이런 마인드가 호기심이 생길 때마다 어떤 일이든 가차 없이 뛰어들게 했다. 돌아보면 무모했던 도전들도,

지금 생각해도 눈앞이 아찔한 순간들도 더러 있었지만, 다시 돌아가도 같은 선택을 하리라고 생각한다. 실패하느냐 성공하느냐가 중요한 게 아니라 이 세상에 태어나 지금 내 가슴을 설레게 하는 저 경험을 해봤는지 안 해봤는지가 더 중요하니까…….

좋아하는 음식 중 하나가 라면이다. 물가가 올라서 한 봉지에 천 원이 넘기도 하지만 지금까지처럼 부지런하게만 산다면 라면 하나 못 사 먹을 지경까지 처하는 일은 없지 않을까 싶다. 명품을 좋아하거나 사치를 부리는 성향이라면 모르지만, 다행히도 그런 것을 갖고 싶은 욕망은 없다.

요가 매트 위에서 수련할 때, 엄마랑 과일을 깎아 나누어 먹을 때, 친구들과 닭발을 시켜 먹을 때, 푸르른 하늘을 바라볼 때, 초록 잎이 가득한 자연을 바라볼 때, 그때 행복하다. 이런 삶이 더 나와 결이 맞는다. 물론, 이 또한 나름 화려하고 시끄럽고 파워풀하게 살아본 경험과, 잔잔하고 고요하고 느리게 살아본 경험을 통해 알아낸 나의 성향이다.

남들이 말하는 실패라는 단어가 경험으로 정의되는

순간 자기 세계가 확장되는 마법이 일어난다. 그러니 자신의 모든 도전을 아낌없이 응원해주자. 실패라는 단어를 사랑 가득한 눈으로 바라보며 안아주는 사람이 되자. 그러면 그 실패가 분명 더욱 행복한 삶으로 이끌어준다.

최 고 와 함 께 하 자

나는 사자성어 중에서도 유유상종(類類相從), 근묵자흑(近墨者黑)이라는 말을 무척 좋아한다. 그리고 원래는 부정적인 뜻이 담긴 말이지만 긍정적으로 해석한다. 옆에 있는 것만으로도 닮을 수 있다니 이보다 더 환상적인 말이 어디 있겠는가!

앞서 말했듯 나는 나처럼 제멋대로 사는 사람이 좋다. 초롱초롱한 눈을 밖으로 향하고, 발을 열심히 움직일수록 그런 내 기준을 충족하는, 멋지게 사는 사람들이 보였다. 하고 싶은 일을 하면서도 자신의 분야에서 최고의 자리에 오른 사람들! 그들이 내 눈앞에서 반짝반짝 빛을 냈다.

'한 번 사는 인생. 나도 하고 싶은 거 하며 내 멋대로 살아보리라.'

그래서 내 멋에 부합하는 사람들을 부지런히 찾았고, 시간과 돈을 투자했다. 그 선택의 누적분이 지금의 돈블리다.

내가 보고 듣고 느끼는 모든 것들이 곧 내가 된다. 그러니 내가 아무것도 아닐수록 아무나와 어울려서는 안 된다. 내가 바로 서 있지 않고 주관이 없는 그런 어정쩡한 상태라면 더욱 철저히 사람을 가려 만나야 한다. 인간은 사회적 동물인 데다 학습 능력이 있어 교류하며 서로에게 배울 수밖에 없다. 이왕 배우는 거 건강하고 생산적인 것들을 배우는 게 좋지 않을까!

입시 영어 및 필라테스 강사, 보험과 금융, 라이브커머스, 모델, 퍼스널브랜딩, SNS 등 생소하고도 다양한 분야에서 어떻게 이렇게 꺾이지 않고 살아남을 수 있었을까? 그 이유는 초반에 기반을 다지는 배움에 전력을 기울였기 때문이다.

필라테스 강사가 되기 위해 아카데미 과정에 들어갔을 때는 교육 이사님과 잠자는 시간 빼고 거의 한 식구처럼 붙어 있었다. 가장 먼저 출근하고 늦게 퇴근하며 그가 교육장이나 센터에서 하는 행동이나 말, 삶을 대하는 태도 등 모든 것을 흡수하려 노력했다. 그리고 마침내 최연소, 최단기 교육 강사라는 칭호를 따냈다.

보험회사에 입사했을 때는 회사에서 가장 오래 근무했고, 여전히 현장에서 영업을 잘하며, 지점 동료들에게까지 선망받는 대선배를 찾아갔다. 그분은 아무것도 모르면서도 열심히 하려는 후배를 예쁘게 봐주고 품어주었다. 그의 교육을 듣고, 함께 활동하며 밥을 먹었다. 그렇게 부단히 애를 쓴 결과가 6개월 만에 보험 세일즈 전사 1위라는 숫자로 증명되었다.

물론, 누구나 선망하는 누군가를 찾아간다고 다 반겨주지는 않는다. 하지만 우는 아이 떡 하나 더 준다는 속담도 있지 않은가! 내가 아쉬워서, 변화되고 싶어서, 원하는 것을 얻기 위해서라면 네 살배기 아이처럼 바닥에 드러누울 정도의 간절함을 보여야 한다.

최고와 함께하자. 그들에게 배우는 건 업무와 관련된 단순한 스킬만이 아니다. 그들은 앞서 걸어본 이들이다. 숱한 경험을 통해 혜안을 갖춘 사람들이므로 우리가 굳이 겪을 필요 없는 크고 작은 역경들을 겪지 않도록 도와준다.

1등은 아무나 하는 게 아니다. 최고는 남다른 삶의 태도, 행동, 생각에서 비롯되는 유연하고 강한 사람들의 결과물이다. 이들은 걸어온 세월만큼이나 온화하고 여유롭고 유연한 태도로 나의 성장을 이끌어준다. 내가 크고 작은 시행착오를 겪는 동안 따뜻한 눈빛으로 바라봐준다. 그러니 넘어지더라도 나와 이들의 사랑 안에서 넘어지고 다시 일어서자. 두려움, 나약함, 무지함, 불안함에서 나오는 건 포기와 폭력뿐이다.

경험에서 나온 말은 힘이 세다. 사람은 간접경험이든 직접경험이든 본인이 경험한 것만 줄 수 있다. 그러니 멀리 가본 사람, 넓게 보는 사람을 찾아가자. 편협하지 않은, 틀렸다고 생각하지 않고 다르다고 생각할 줄 아는 리더, 열린 시각으로 각각의 결에 맞춰주는 리더를 찾아가자. 아무리 흔들려도 중심을 잡을 수 있는 유연하고 단단한 이들을 가까이하자. 단언컨대, 그러면 우리는 자신이 원하는 방향으로 더 멀리, 더 넓게 나아갈 것이다.

#모자이크 #다가가기 #평가
#실패 #최고 #질문
#사랑 #히얼간이야 #뒷언

<특별초대강의>

성공학강의
퍼스널브랜딩

창원거제브랜치
10/24(월) 오후12~3시
장소: 창원브랜치

멀리 가본 사람, 넓게 보는 사람을 찾아가자. 편협하지 않은, 틀렸다고 생각하지 않고 다르다
고 생각할 줄 아는 리더, 열린 시각으로 각각의 결에 맞춰주는 리더를 찾아가자. 아무리 흔들
려도 중심을 잡을 수 있는 유연하고 단단한 이들을 가까이하자.

질문하는 학생으로 살자

학생으로 살아야 많은 것을 얻을 수 있다. 외우는 학생이 아닌 질문하는 학생으로 말이다. 세상에 훌륭하지 않은 질문은 없다. 질문은 나를 바꾸고, 인생을 바꾸고, 세상을 바꾼다. 그래서 우리는 정답을 좇기보다는 질문하는 사람이 되기 위해 노력해야 한다.

묻고 답하는 과정에 성장이 있다. 수학 문제 아니고서는 세상에 100%짜리 정답은 없다. 자신만의 결을 찾아가는 과정이 있을 뿐! 그러니 무언가를 묻는 데 주저하지 말자. 약이 되는 좋은 질문은 숱한 엉성한 질문들 속을 비집고 나온다.

그 숱한 질문에 답을 해주는 이들이 있다. 나는 그들

을 크게 넷으로 나눈다. 첫째는 '나'이고, 둘째는 '나의 주변인'이며, 셋째는 '스승'이고, 마지막으로는 '책'이다. 그러니 먼저 그 넷에게 묻자.

첫째, 나에게 묻기다.

답을 얻으려면 먼저 나에게 질문해야 한다. 나에 대해 잘 모를 때, 줏대가 없을 때는 주변 사람들에게 참 많이도 물었다.

"내가 뭐가 되었으면 좋겠어?"

"나, 무슨 색이 더 잘 어울리는 것 같아?"

"학과는 어디 가는 게 좋을까?"

그러던 어느 순간, 어떤 선택을 하든 책임은 내가 져야 한다는 사실을 깨달았고, 그 이후부터는 스스로 대화하는 시간이 많아졌다.

"박순화, 넌 어떻게 생각해?"

"기분이 어때?"

"이거 좋아, 싫어?"

지금도 나는 나에게 끊임없이 묻고 또 묻는다. 인간은 이기적인 동물이라 어떤 선택을 하든 후회하기 마련이다. 하지만 마음의 소리에 귀 기울였을 때는 이야기가 좀 다르다. 다른 누구도 아닌 내가 살아갈 인생이므로 마음속 깊은 날것의 감정을 알아차리는 게 매우 중요하다. 그것과 맞닥뜨릴 용기를 낸다면 훗날 걸어온 길을 돌아봤을 때 후회와 미련이 아닌, 가슴 뿌듯한 충만함으로 웃음을 머금게 될 것이다.

둘째, 주변 지인들에게 묻기다.

"저는 무엇을 잘하는지 모르겠어요. 별로 특별할 게 없거든요."

퍼스널브랜딩 컨설팅을 하면서 가장 많이 들은 말이다. 사람들은 생각보다 자기 모습 객관화하기를 어려워한다. 다들 저마다의 장점이 있는데도 그런다. 자신에게는 일상이라 두드러질 만한 특성이 아니라고 생각할지 모르지만, 남이 보기에는 아주 색다르고 인상 깊은 특별함을 가졌을 수 있다.

나는 손재주라고는 진짜 미치도록 꽝이다. 그 정도에만 그치면 그나마 다행인데, 무슨 운명의 장난인지 기계나 장비, 도구 같은 것들을 손에 쥐면 그렇게 잘 고장 날 수가 없다. 그래서 전문가의 헤어메이크업이 필요할 때면 강남역 근처 숍을 찾아간다. 그곳 디자이너 샘은 손이 무척 빠를 뿐만 아니라 내가 원하는 머리를 찰떡같이 만들어준다. 그녀의 손길은 마치 행위예술처럼 특별하다. 나는 그녀를 경외심 가득한 눈빛으로 바라보고, 그녀는 다양한 직업을 갖고 바쁜 스케줄을 소화하는 내가 대단하다며 칭찬을 아끼지 않는다.

이처럼 그녀나 나의 일상이 같은 일을 하는 어떤 사람에게는 특별하지 않을지 모르지만, 또 다른 사람에게는 특별할 수 있다. 정말로 내가 무엇을 좋아하고 잘하는지 스스로에게 대답을 들을 수 없을 때는 주변 사람들에게 물어보고 도움을 요청하자. 타인을 통해 내가 어떻게 정의되는지 아는 것도 자신을 발견해 나가는 방법의 하나다.

셋째, 스승에게 묻기다.

앞이 안 보여 길을 헤매고 있다면 스승을 찾아가자. 여기서 스승이란 내가 배우고 싶은 걸 가진 사람이다. 나는 어떤 회사에 들어가든, 학원에 등록하든 가장 배울 만한 이가 누구인지를 찾는다. 그리고 그를 따른다. 그는 내가 걷고 싶은 길을 먼저 그리고 오래 걸어본 사람이기 때문이다. 그러므로 지금 내가 머리가 빠개지도록 하는 고민을 오래전에 해봤을 테고, 어떠한 방식으로든 헤쳐나왔을 것이다. 해결 가능한 문제든 아니든 분명 그에 대한 인사이트(통찰)를 가지고 있을 것이다. 그러니 그 이야기를 듣는 간접경험만으로도 나는 앞으로 해야 할 일과 하지 않아도 될 일들을 구분하게 됨으로써 시간과 에너지를 아끼게 된다.

물론, 무엇이든 직접 해보는 게 가장 좋긴 하다. 경험은 배신하지 않으니까 말이다. 하지만 우리의 수명은 한정되어 있고, 세상에는 굳이 겪지 않아도 될 일들이 분명히 존재한다. 그러므로 존경할 만한 어른들, 혹은 나보다 앞서 경험한 이들에게 묻기는 현명한 행위다.

넷째, 책에 묻기다.

사실, 나는 무슨 일에 직면하면 가장 빨리 서점으로 달려간다. 보험회사에 들어갔을 때는 보험이라는 단어가 들어간 많은 책을 사서 읽었고, 이커머스 시장에 들어왔을 때는 라이브커머스라는 단어가 들어간 책들을 줄줄이 구매해서 읽었다. 당신은 지금 어떤 고민으로 세상과 씨름하는가? 그 고민의 키워드를 붙잡고 서점에 가서 그와 관련된 서적을 찾아 읽고 공부해보라. 대부분의 고민이 풀린다.

문제의 본질은 내 능력이 부족하거나 무지함에서 비롯된 것이다. 따라서 책을 통하면 어느 만큼은 충분히 채우기가 가능하다. 책은 그 분야에서 고민을 많이 한 사람들이 쓴 결과물이라고 한다. 맞다. 이 책을 쓴 이유도 과거의 '나'처럼 성장을 간절히 바라지만, 어떻게 도전해야 할지, 자기 능력을 어떻게 개발해야 할지 몰라 막막해하는 이들에게, 내가 고민을 해결해 나간 얕은 경험이라도 전하고 싶은 마음에서였다. 그러니 해결해야 할 문제가 있다면 지금 바로 서점으로 달려가라.

'사랑한다'고 말하자

"믿음, 소망, 사랑, 그중에 제일은 사랑이라."

성경 고린도전서에 나오는 말이다.

나는 종교가 없다. 다녔던 중학교가 미션스쿨이었는데, 학교 정문을 들어서면 이 문구가 새겨진 비석이 등굣길의 학생들을 맞이한다. 그렇게 3년간을 하루도 빼먹지 않고 늘 봐서 그런지 '사랑'을 떠올리면 이 문구가 제일 먼저 떠오른다.

살다 보면 사람들과의 관계에서 너무나도 자연스럽게 일어나는 크고 작은 갈등들로 다들 가슴속에 생채기 하나쯤은 지니게 된다. 서로가 조금씩 다르게 생겼고, 각자 다른 환경에서 자라왔으니 온전히 상대를 이해하기란 불가능하다. 그렇더라도 누구든 타인과 불편한 상태로 지내고 싶어 하는 사람은 없다. 어떻게든 잘 어울려 지내고 싶은 마음에 상처받는다. 그러니 누군가를 바라볼 때 사랑 담은 눈으로 조금이라도 더 따스한 표현을 하려고 노력하자. 좀 서툴러 픽 웃음을 자아낼지 모르나 진심은 가 닿지 않을까?

능력 이상으로 참 많은 기회를 얻은 나는 다른 건 몰라도 상대가 날 싫어하지 않는 이상 누구와도 잘 지낼 자신이 있다. 큰 힘이 되는 모든 기회는 사람이 준다는 사실을 알기 때문이다. 그렇다고 누군가에게 뭔가를 얻기 위해, 잘 보이기 위해 마음에도 없는 빈말을 쏟아가며 알랑거리지는 않는다. 거짓말 보태지 않고, 누구를 만나도 그가 가진 아름다움이 먼저 보인다. 그래서 그 점을 어떤 필터도 없이 그대로 전달한다.

"넌 ○○이 참 좋아."

"너, 오늘 옷 굉장히 잘 어울린다."

"넌 이런 걸 잘하는구나."

물론, 처음부터 표현을 잘했던 건 아니다. 고등학교에 들어갔을 때였다. (고등학교는 불교 재단에 속한 학교였다)

한 친구가 아무 거리낌 없이 나에게 귀엽다, 예쁘다고 말해주는데, 충격이었다.

'아, 저렇게 표현을 할 수 있구나.'

부끄러우면서도 기분 좋고 행복했다. 표현할 줄 아는 사람이 되고 싶었다. 엄마에게 전화를 걸었다. 자식들 대부분이 그렇듯 나 또한 엄마에게 살가운 딸이 아니었다. 그럼에도 '엄마, 사랑해!'라는 말을 소리 내어 전하고 싶었다.

'딸하고 엄마 사이에 못 할 말도 아니고, 아마 어릴 적엔 분명 한 번쯤은 해봤을 거야. 기억을 못 할 뿐!'

마음속으로 용기를 북돋아봤으나 안 하던 말을 하려니 입안에서만 맴돌고 입술을 넘지 못했다. 몇 번이나 전화를 걸고는 다른 말로 빙빙 돌리다가 결국 '사랑해'의 '사' 자도 못 꺼내고 끊기를 반복했다.

"엄마, 사랑해!!"

오늘이 세상 마지막 날이라고 세뇌하며, 드디어 눈 딱 감고 사랑한다는 말을 입 밖으로 낸 그날을 아직도 잊을 수가 없다. 게다가 엄마의 대답은 내 예상을 보기 좋게 비켜 갔다.

"그래 내 딸~. 엄마도 아주 많이 사랑한다~!"

능력 이상으로 참 많은 기회를 얻은 나는 다른 건 몰라도 상대가 날 싫어하지 않는 이상 누구와도 잘 지낼 자신이 있다. 큰 힘이 되는 모든 기회는 사람이 준다는 사실을 알기 때문이다.

우렁찬 목소리로 스스럼없이 사랑한다고 말하다
니…… 너무 놀랐다.

'사랑을 주고받는 것!'

어쩌면 그게 인간의 존재 이유일지도 모른다. 스토커
가 아닌 다음에야 나를 사랑해주는 누군가를 싫어할 사
람은 없다. 그러니 나에게, 주변 사람들에게, 자신이 소중
하게 생각하는 사람들에게 사랑을 표현하자. 웃으면 복이
온다고 한다. 사랑을 표현하면 어떻게 될까? 적어도 표현
한 나는 행복해진다.

삶을 대하는 태도는 누구나 주체적으로 정할 수 있
다. 그 태도를 사랑에 놓아보자. 저마다의 아픔 하나씩은
안고 살더라도, 모두가 타인을 따뜻한 시선으로 바라봐
준다면 조금은 더 행복하게 살 수 있지 않을까!

안전지대를 벗어나자

"히말라야 다녀올게요."

내 말에 다들 눈을 동그랗게 떴다. 그도 그럴 것이 칼바람이 쌩쌩 부는 12월, 안 그래도 춥디추운 겨울에 고생길이 훤히 보이는 험난한 곳을 짜리몽땅한 여자아이가 다녀온다니 어찌 놀라지 않겠는가!

게다가 모두가 알고 있는 돈블리는 평일과 주말, 낮과 밤을 가리지 않고 언제나 바쁜 사람이었다. 늘 타이트한 일정에 묻혀 잠시의 짬도 내기 어려운데 어떻게 3주나 자리를 비울 수 있는지, 혹시 무슨 이유가 있어 홀연히 떠나는 건 아닌지 많이들 궁금해했다.

하지만 이 역시 여정에 어떤 특별한 계기나 이유는

없었다. 그저 지금 이 시점에 히말라야에 다녀와야만 할 것 같다는 마음속 외침에 흔쾌히 동의했을 뿐!

삶의 매 순간이 그렇다. 어느 시점에서 마음이 이렇게 또는 저렇게 하고 싶다고 말을 건네면 그것에 충실했다. 사람들이 정해놓은 사회적 잣대에 나를 끼워 맞추기는 이미 글렀다고 생각했다. 어차피 대통령이 될 것도 아니니 박순화의 1인분 삶만큼은 내 멋대로 살고 싶다는 열망이 강했다.

'나를 찾아 떠나는 여행 히말라야 요가 & 명상.'

진짜 말 그대로 나를 찾을 수 있을까 궁금했다. 또 내가 진짜 무엇을 원하는지 이곳에서는 스스로 조금 더 솔직하게 대답할 수 있을 것 같았다. 그렇게 낯선 곳에서, 낯선 사람들과, 낯선 길을 걸으며 무작정 나를 찾아보기로 다짐했다.

짐 싸기부터가 고난이었다. 일단 해외여행 자체가 낯설었다. 그런데 히말라야라니! 등반은커녕 아무리 주변을 둘러봐도 관광조차 다녀온 사람이 없었다. 쉼을 전제로 한 여유만만한 리조트 투어였다면 특별히 물건을 챙길 필요도 없었겠지만, 준비물에 떡하니 침낭이 자리잡은 걸로 봐서는 잠자리마저 심상치 않을 게 분명했다. 그런 데다 3주씩이나 지내야 하니 필요한 물품들이 많아 수화물 무게를 넘기지 않으려면 심혈을 기울여야 했다.

먼저 네팔 날씨를 확인했다. 일교차가 크단다. 절대 춥고 싶지 않았던 나는 옷 가짓수를 최소화한 대신 핫팩을 가득 쟁였다. 그다음 네팔에 도착해서는 히말라야를 올라야 한다. 이것저것 배낭을 빵빵하게 채웠다가는 히말라야에 오르는 동안 몸이 그 무게를 온전히 지탱하지 못할 게 뻔했다. 생존을 위한 필수적인 것들만 챙겨야 했다. 지방에서 서울로 올라왔을 때 고시원을 전전했던 터라 본시 집에 물건을 많이 두는 편도 아니었다.

한국에서는 말도 안 되게 가장 간단하게 캐리어를 꾸렸다며 만족해했다. 네팔에 도착해서는 배낭에 아주 최소한의 물품들만 추려서 산에 올랐다고 생각했다. 그런데 아니었다.

"레깅스도 하나로 그냥 버틸 걸 뭐하러 세 개나 챙겼을까!"

히말라야에 오르는 동안 배낭 속 물품들이 점점 더 무거워지면서 나를 괴롭혔다. 어깨를 파고들 듯이 찍어누

르는 배낭의 무게만큼, 그 고통만큼 나 자신을 원망했다. 평소 참 간소하게 산다고 생각해온 나였으나 이때만큼은 더 과감히 비워내지 못한 나를, 그래서 이 여정을 조금 더 가뿐하게 즐길 수 있었음에도 그러지 못하는 나에 대한 아쉬움이 계속 머릿속을 어지럽혔다.

배낭 안 물건 중 2/3가 없어도 몇 날 며칠을 살아가는 데 아무 문제가 없음을 몸으로 깨달았다. 그러고 나니 그동안 알게 모르게 마음 한구석에 똬리를 틀고 앉아 있던 생존에 대한 두려움이 사라져버렸다. 사람이 살아가는 데 필요한 건 그리 많지 않았다. 덜 필요로 하면 더 자유로울 수 있다.

가슴이 짜릿했다. 두근두근 뛰었다. '박순화'는 낯선 길에서 자신의 한계를 발견하고 극복하고 확장해 나가면서 더욱 행복을 느끼는 사람이라는 확신이 들었다. 어찌 짜릿하지 않겠는가! 물론, 그렇다고 좋은 차와 좋은 집, 좋은 옷을 싫어하지는 않는다.

또 하나, 개개인의 역량이 달라도 삶을 대하는 태도와 방향이 같은 이들과 함께라면 어떤 고난과 역경도 이겨낼 수 있다는 자신감도 얻었다. 3주간 함께했던 도반들은 건강한 성장을 위해 불편함과 고됨을 기꺼이 선택했

다. 거짓말 안 보태고 그들에게서는 함께하는 내내 정말 빛이 났다. 적어도 내 눈에는 그렇게 보였다. 게다가 살아온 삶이 물씬 풍기는 그들의 말과 사소한 행동을 통해서도 많은 걸 배웠다. 순간순간이 살아 있는 교육이고 감동이었다.

　　한 걸음을 걷더라도 나답게 걷고 싶은 나에게 준 선물로 히말라야 여정은 탁월한 선택이었다. 모든 일정을 잠시 멈추고 용기 내어 떠나준 나에게 너무 고마웠다.

　　삶은 나를 찾는 여정이다. 한 걸음, 한 걸음을 모아 완주한 히말라야 트레킹처럼 앞으로의 일상도 계속해서 건강하게 한 발자국씩 내딛는 돈블리로 살아가려 한다. 덧붙여, 용기 내어 얻은 이 기쁨을 주변과 나누게 된다면 더할 나위 없는 나만의 삶이 되지 않을까!

#모자이크 #다가가기 #평가
#실패 #최고 #질문
#사랑 #히말라야 #묵언

고요 속에서 나를 찾자

히말라야 트레킹 중에는 이틀간 묵언수행을 해야 했다. 쉽게 생각했는데, 말을 안 한다는 게 그렇게 힘들 줄 몰랐다. 반면, 그 이틀 동안은 예상보다 빠르게 목적지에 도착했다. 하루에 열 시간 가까이 산을 오르며 숨이 목젖을 턱턱 치고 올라오는 건 마찬가지였음에도 다른 날과 차이를 보였다.

이유가 뭐였을까? 아무도 말을 하지 않았기 때문 아닐까 싶다. 어떤 불평이나 불만의 말도 하지 않으니 귀로 들을 수도 없었다. 부정적인 단어가 우리에게서 떠나니 힘이 덜 드는 기분이었다. 또 말을 하지 않음으로써 필요한 곳에 남은 에너지를 집중시킬 수 있었다.

그랬다. 앞으로 살면서도 나를 위해, 당신을 위해, 우리를 위해 가능한 한 부정적인 단어들은 쓰지 말아야겠다고, 쓸데없이 너무 많은 말들을 입 밖으로 내뱉지 않겠다고 다짐했다.

어쩌면 우린 너무 많은 말을 하고 사는지도 모른다. 말을 줄이니 주변을 둘러볼 여유가 생기고 새로운 풍경이 눈에 들어왔다. 초록 나무, 높고 푸른 하늘, 투명한 물이 흐르는 계곡…… . 곳곳이 예뻤다. 가슴 뛰는 새로운 삶 앞에 선 듯 설렜다. 조용히 주변을 감상하며 걷고 또 걸었다.

고요가 지속되니 그 속에서 내 이야기가 들렸다. 그동안 다른 사람과 짬 없이 대화를 나누느라 정작 내 목소리에는 소홀했음을 상기했다. 한 걸음 한 걸음 내디디며 힘들었던 일, 잊고 싶었던 일, 응어리졌던 일들을 하나씩 하나씩 정리해 마음속 휴지통에 던져넣고는 휴지통 비우기를 눌렀다.

바쁘다고 핑계 대며 외면해 왔던 상처 가득한 나를 보았다. 조금도 두렵지 않았다. 꽁꽁 얽혀 뭉쳐 있던 실타래가 풀리듯 답답했던 마음이 슬그머니 누그러들었다.

'내 안의 아이가 자기 목소리 좀 들어달라고, 귀 기울

여 달라고 사람도 없고 핸드폰도 잘 안 터지는 이곳 히말라야까지 오게 했구나!'

그렁그렁 눈물이 차올랐다.

히말라야 여정 후에 가장 많이 기억 버튼을 눌러대는 게 바로 묵언수행이다. 묵언의 효과는 실로 엄청났다. 종종 수행자들이 하는 걸 보고 뭔가 좋은 점이 있으리라고는 어림짐작했다. 그런데 그 정도가 아니었다.

앞서 말한 것처럼 부정적인 말을 하지 않음으로써 나쁜 에너지와 생각을 차단하고, 또 말 자체를 하지 않으니 정말로 에너지가 절약됨을 체감했다. 고요 속에서 나와의 관계를 건강히 다져갈 수 있음도 배웠다. 친구의 이야기를 들어주듯 따로 시간 내어 내면의 목소리에 귀 기울이는 것이 자기친절임을, 그 안에서 생각의 군더더기들을 쳐내고 나서야 비로소 나라는 사람의 중심을 바로 잡을 수 있음을 깨달았다.

이젠 강의할 때를 제외하고는 될 수 있는 한 말을 아끼려 한다. 매일 방을 청소하고 정리하듯 하루를 되돌아보며 나를 정리해보는 시간을 갖는다. 쓸데없는 말을 하지 않음으로써 내 언어가 소음이 되지 않도록 조심한다.

어쩌면 우린 너무 많은 말을 하고 사는지도 모른다. 말을 줄이니 주변을 둘러볼 여유가 생기고 새로운 풍경이 눈에 들어왔다. 초록 나무, 높고 푸른 하늘, 투명한 물이 흐르는 계곡……. 곳곳이 예뻤다.

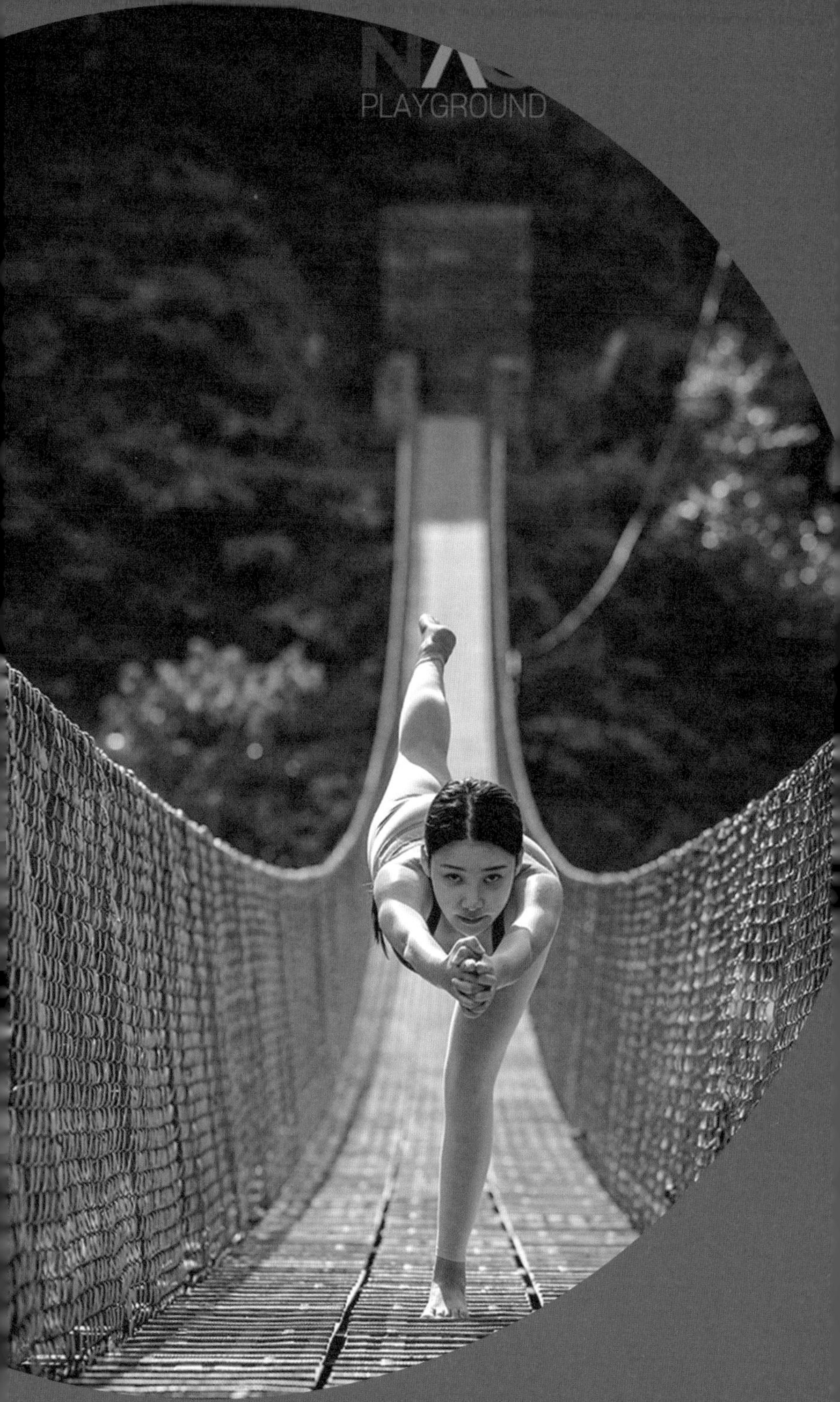
PLAYGROUND

그렇게 비축된 에너지를 현재와 미래를 위해 긍정적으로 사용하려 노력한다. 그러고 보니 말을 줄이는 그 순간부터 진정한 경청이 시작되었다. 내 이야기든, 타인의 이야기든…….

사람들 대다수가 자기 이야기를 한마디라도 더 하면서 조금이라도 더 많은 관심을 받고 싶어 한다. 하지만 하루가 다르게 변화하는 시끄러운 세상의 흐름 속에서 단 한 시간이라도 좋으니 묵언을 통해 고요를 만끽해 보기를 바란다.

우리는 어쩌면 필요 이상으로 귀한 에너지를 낭비하며 살고 있는지도 모른다. 말도 삶도 간소해진다면 대신 내면이 채워지는 충만함을 느끼고 중심을 잡으며 살 수도 있을 텐데 말이다.

상황이 어떻든
최선을 다하자

교육 관련 업체인 파인베리컴퍼니 김진수 대표님이 강연에 앞서 위축되어 있던 나에게 말을 건넸다.

"돈블리, 자부심을 가져요. 대한민국에 45만 명의 보험설계사가 있는데, 지금 성수 아트홀에 설 수 있는 보험설계사는 돈블리밖에 없어. 돈블리가 최초고 유일해!"

뮤지컬과 클래식 공연을 주로 하는 성수 아트홀은 1층과 2층으로 된 350석 규모의 수려한 공간이다. 보험 설계사들이 앞으로 어떻게 방향을 잡고 나아가야 할지, 희망찬 미래를 설계하기 위한 보험 토크 콘서트가 바로 이 무대에서 열리게 된 것이다.

이 행사는 강의하는 나에게도, 강의를 듣는 사람에게도 특별한 시간이 되어야 했다. 다행히 VIP석이 10만 원임에도 불구하고 놀라운 속도로 350석 전부가 매진되었다. 첫 단추는 잘 꿰진 듯했지만, 돈 버는 영업을 포기하고 미래를 위해 기꺼이 시간과 돈을 투자한 설계사들에게 비전과 희망을 제시해야 하는 나로서는 결코 마음이 가볍지 않았다.

보험업계의 '수학의 정석'이라고 불려도 손색없는 책《빌드업》저자들과의 콜라보 강연을 제안받았을 때는 진심으로 뛸 듯이 기뻤다. 절대로 놓치고 싶지 않았다. 그들이 나의 무엇을 보고 제안했는지는 모르나 삶에서 몇 안 되는 퀀텀 점프 기회라고 느꼈다.

그 와중에 히말라야에 다녀오니 강연까지 남은 시간이 채 한 달이 안 되었다. SNS를 비롯해 온·오프라인 가리지 않고 보험 토크 콘서트를 홍보하고, 심혈을 기울여 강의안을 구성해야 했으며, 강연 연습도 해야 했다. 그런데다 다른 강연 등 기존 스케줄을 소화해야 하니 시간이 촉박해도 너무 촉박했다.

매일매일 해내야 할 업무에, 기존 강의에, 성수 아트

홀 강연 준비에 하루에 단 몇 시간조차 제대로 잠을 이루기가 어려웠다. 게다가 입을 옷부터 헤어메이크업 예약 등 티는 안 나지만 신경 쓰이는 일들도 모두 직접 처리해야 하니 정신이 없었다. 버거운 날들이 이어졌으나 그래도 준비과정 대부분을 치열하게 소화해내면서 무난히 준비해 나갔다.

그러나 일이 그리 순탄하게만 지나간다면 얼마나 좋겠는가! 문제는 무슨 공식이라도 되는 양 늘 행사 코앞에서 터지기 마련인가 보다. 이 역시 강연이 얼마 남지 않은 날 문제가 드러나고 말았다. 그것도 나로 인한 아주 심각한 문제가…….

본 강연을 일주일 앞둔 날이었다. 파인베리컴퍼니 사무실에서 스태프들을 모아놓고 강연을 시연했다. 그런데 내 강의에 대한 피드백이 아주 절망적이었다. 30번씩이나 연습하고 갔음에도 프로들이 보기에는 형편없는, 어림없는 강의였다. 표정을 통해 내 눈으로 명확히 전달된 그때 그들의 낭패하고 당황한 얼굴들! 지금도 머릿속에서 생생하게 떠오른다.

금요일이 시연 날이었고 강연은 다음주 목요일이었는데, 불행히도 강연 시작이 나였다. 내가 잘 풀어내야만

최선을 다하면 미련이 남지 않는다. 어느 한순간도 과거로 돌아가
고 싶은 마음이 생기지 않는다. 다시 돌아가도 그때만큼 잘할 자
신이 없기 때문이다.

이어지는 보험 전문기자, 보험계리사, 의사, 전직 간호사의 강연까지 순조롭게 진행된다. 큰일이었다.

시연 후 몇 시간에 걸쳐 쓴소리를 듣고 집으로 돌아오는 길, 지하철에서 내내 울었다.

'잠도 못 자며 최선을 다해 연습했는데 겨우 이것밖에 안 되는 건가……'

나에 대한 실망과 자괴감으로 눈물이 멈추지 않았다.

'강연이 불과 며칠 안 남았는데……'

막막했다. 강연 퀄리티를 자신하며 주변 설계사들에게 홍보했는데, 이대로라면 그들 얼굴 보기가 너무 민망하고 미안할 게 뻔했다. 생각만 하면 이미 반쯤은 죄송하고 또 죄송해 얼굴이 붉어지고 면목이 서지 않았다.

그렇다고 울고만 있을 수는 없었다. 그런다고 일이 해결되는 건 아니었다. 충분치는 않지만 분명 아직 시간이 남았으니 더 해봐야 했다. 쓰러져도 좋으니 최선에 최선을 다 해보고 싶었다. 정신을 추스르고 해결책을 찾아나섰다.

다음날, 즉 토요일 아침 일찍부터 김진수 대표님과 줌(Zoom)으로 미팅을 하면서 강의 방향을 전체적으로 손

보았다. 그러고는 그것을 체화하려 미친 사람처럼 연습하기 시작했다. 강연 당일 무대에 오르기까지 50분짜리 강의안을 놓고 연습한 횟수가 총 77번이었다. 내가 늘 강조하는 100번을 채우고 싶었으나 시간이 허락하지 않아 못내 아쉬웠다.

결과는 어땠을까? 성공적이었다. 그 큰 무대에서 떨기는커녕 조금의 막힘도 없었고, 시간도 완벽하게 맞추었다. 무대에서 내려오는 순간 김진수 대표님이 축구선수가 월드컵에서 골을 넣은 때처럼 좋아하며 하이파이브를 해주었다. 강연에서 내 진심이 청중에게 온전히 전해진 것 같아 기뻤다. 걱정과 우려로 노심초사했던 이사님과 스태프들마저 아낌없이 칭찬하며 인정해주었다.

가슴이 진정되지 않았다. 안도와 벅찬 희열이 동시에 마음속으로 확 밀려들었다. 이번에도 할 수 있는 것들은 모두 다 해보자며 마지막까지 성실하게 노력을 아끼지 않은 나에게 너무나 고마웠다.

최선을 다하면 미련이 남지 않는다. 어느 한순간도 과거로 돌아가고 싶은 마음이 생기지 않는다. 다시 돌아가도 그때만큼 잘할 자신이 없기 때문이다.

"나의 1년은 조금 남달라요."
잘났다는 말이 아니다. 눈물겨울 정
도로 노력하는 나를 스스로 인정하
는 언어일 뿐이다.

내가 가끔 농담 반 진담 반 섞어 하는 말이 있다.

"나의 1년은 조금 남달라요."

잘났다는 말이 아니다. 눈물겨울 정도로 노력하는 나를 스스로 인정하는 언어일 뿐이다. 최선은 어떤 일이든, 어떤 결과가 앞에 놓여 있든 받아들이는 힘을 키워준다. 진부하고 뻔한 이야기지만, 자신의 삶에 최선을 다 해보자. 진리는 원래 단순한 법이다.

핵심 행동을 100번 하자

일할 때 가장 답답한 사람은 어떤 누구일까? 행동은 하지 않으면서 불안은 없애고 싶어 주변에 방법만 주야장천 묻고 다니는 사람이다. 뭔가를 잘하기 위한 전략이나 노하우는 가까운 서점에만 가도 널렸다. 돈 쓰기 싫고 움직이기도 귀찮다면 유튜브를 열어보라. 그 분야의 마스터들이 목청을 한껏 높여 본인들의 성공방식을 친절하게 알려준다.

그런데 그럼에도 불구하고 주변에서 성공하는 사람들이 눈에 잘 안 띄는 이유는 뭘까? 실행을 안 했기 때문이다. 한 분야에서 1인자가 되기는 쉽지 않은 일이다. 하지만 상위 20% 안에 드는 정도는 노력하면 얼마든지 가능하다.

돈블리는 보험, 라이브커머스, 모델, 인플루언서, 콘텐츠 제작, 필라테스 등 다양한 분야에서 두드러진 성과들을 보여주었다. 어떻게 그럴 수 있었을까? 뭔가를 해내는 방법을 온전히는 아니더라도 대강은 체득했기 때문인데, 그 핵심은 바로 실행이다.

어떤 일이든 잘 해내려면 해야만 하는 '핵심 행동'이 있다. 특히, 탁월한 성과를 내려면 이 핵심 행동을 압도적인 양으로 실행해야 한다.

예를 들어, 보험설계사라면 보험 컨설팅 경험이 많아야 전문가로서 역량 발휘가 가능하다. 나는 많은 설계사를 만나면서 일 못하는 설계사들의 명확한 특징을 발견했다. 우선, 거절이 두려워 밖으로 나가지 않는다. 그렇다고 열심히 공부하지도 않으며, 비슷한 다른 동료와 함께 수다를 떨다가 어느 날 소리소문없이 사라진다. 정말 답답하다.

이런 사람들은 대체로 자기애가 너무 강하다. 건설적인 피드백을 받고도 비난한다고 생각하고, 나는 그렇지 않다며 미래를 위한 발전의 연료로 사용하지 않는다. 안

타까울 뿐이다.

　세상에는 일 잘하는 사람, 똑똑한 사람, 성실한 사람이 넘쳐난다. 게다가 그들은 모두 치열하게 경쟁하며 살아간다. 자신에게서 더 높이 끌어올릴 만한 역량이 조금이라도 남아 있고 필요하다고 판단되면 끊임없이 계발하며 행동한다.

　필라테스의 창시자인 조셉 필라테스((Joseph Pilates)는 이렇게 말했다.

> "After 10 sessions you'll notice a difference,
> After 20 sessions other people will notice a difference,
> After 30 sessions you'll have a whole new body."
> "10번을 하고 나면 스스로 변화를 느끼고,
> 20번을 하고 나면 타인이 그 변화를 느끼며,
> 30번을 하고 나면 완전히 달라진 몸을 갖게 될 것이다."

　필라테스 지도자로서 배운 이 정신을 나는 모든 일에 접목한다. 무슨 일이든 그 일의 핵심 행동을 정해 먼저 10번을 시도해보고 스스로 묻는다.

In 10 sessions you will feel the difference,

In 20 sessions you will see the difference,

and In 30 sessions you'll have a whole new body.

10번을 하고 나면 스스로 변화를 느끼고,

20번을 하고 나면 타인이 그 변화를 느끼며,

30번을 하고 나면 완전히 달라진 몸을 갖게 될 것이다.

_필라테스 창시자 Joseph.H.Pilates

그리고 100번을 하고 나면 탁월해질 것이다.

_Donvely

"첫 번째 시도할 때보다 지금이 발전했는가?"

다음에는 20번째 시도하고 다시 묻는다.

"주변 사람들이 나의 성장을 느끼고 있는가?"

그다음 30번째 시도를 하고는 또 묻는다.

"지금 이 수준에서 만족하는가?"

성장에 대한 욕심이 강해서인지 모르겠으나 나는 이 세 번째 질문에는 늘 '아직'이라고 대답할 수밖에 없다.

나는 일에 있어서만큼은 탁월해지고 싶다. 그 누구보다 더 많이 노력하려 애쓴다. 그래서 다른 사람들에게 말할 때는 기본인 핵심 행동 30회를 하라고 하지만, 돈블리는 기르고 싶은 역량에 한해 그 행동을 적어도 100번은 한다. 이게 바로 돈블리가 해내는 방식이다. 사실, 그러고도 실패한 일들이 수두룩하다. 그 수가 너무나 많아 기억이 헷갈릴 정도니 말해 무엇하랴! 어떻게 하는 족족 다 성공할 수 있겠는가!

처음 보험 세일즈를 시작했을 때도 마찬가지였다. 신입 동료들이 거절당하고 울고 있을 때 '누구한테 거절당했는지 기억나지 않을 정도로 거절을 당해보자', '압도적인 활동량을 가져보자'를 모토로 삼고 발바닥에 땀이 나도록 뛰었다.

실행해야 한다. 뭔가를 해야 바꿀 부분도, 보완할 부분도 생기지 않겠는가! 그 누구도 머릿속에 상상했던 그림과 실제 상황을 싱크로율 100%로 맞추기란 어렵다. 곳곳에 변수가 있기 때문이다. 그러니 일단 실행에 옮기자. 그 현장 속으로 빠져들자.

부록

퍼스널브랜딩,
인스타그램으로
시작하기

#퍼스널브랜딩
#목적
#포지셔닝
#게시물

퍼스널브랜딩,
나도 할 수 있다

퍼스널브랜딩의 시대다. 그리고 자신을 브랜딩할 수 있는 SNS에는 여러 플랫폼이 있다. 그런데 왜 인스타그램일까? 나는 늘 단순하다. 무슨 오묘한 이유가 있는 게 아니니 너무 깊게 생각하지 말자. 안 하는 사람을 찾기 힘들 만큼 모두가 손쉽게 다 사용하기 때문이다.

　카톡은 확인하지 않아도 인스타그램은 보는 게 요즘 현실이다. 아무리 바빠도 인스타그램 피드는 습관적으로 빠르게 훑어 내려간다. 이른바 눈팅이다. 게다가 알고리즘에 의해 사용자가 좋아할 만한 콘텐츠만 쏙쏙 뽑아 보여주니 가끔 나보다 나를 더 잘 아는 듯해 이상한 기분마저 들게 한다.

　이처럼 많은 사람이 인스타그램 안에 머문다. 그래서

사용자든 직원이든, 어떤 식으로든 비즈니스와 관계를 맺고 있다면 인스타그램을 해야 한다.

예전에는 유동인구가 많은 오프라인 상권, 그중에서도 목 좋은 자리를 차지하는 게 성공의 지름길이었지만, 이제는 성공하려면 온라인 시장에서 영향력을 키워야 한다. 오프라인 비즈니스든 온라인 비즈니스든 마찬가지다. 모든 기회는 사람에게서 나온다는 사실을 아는 현명한 사람이라면 인스타그램을 결코 콘텐츠 소비자의 입장으로만 이용해서는 안 된다.

내가 생각하는 퍼스널브랜딩은 내가 말하는 '나'와 남이 말하는 '나'를 같게 만들어가는 과정이다. 아니, 그렇게 인식을 심어주는 일이다. 그러려면 보여주고 싶은 '나'의 모습을 노출하고 사람들이 그것을 인식할 수 있도록 만들어야 한다. 즉, 내 모습이 사람들 눈에 자주 띄어야 한다는 뜻이다.

인스타그램은 소통을 중요하게 생각하는 플랫폼이다. 팔로워에게 먼저 게시글을 노출하는 방식으로 알고리즘이 작동한다. 따라서 팔로워를 얻고 싶다면 내 게시글을 읽기 바라는 타깃을 먼저 팔로잉하는 게 좋다. 상대가 맞팔을 누른다면 성공이다. 그에게 내가 올리는 이미지가 계속해서 보일 확률이 높아진다. 팔로잉은 7,500명까지 가능하다. 그러니 지금 바로 자신이 목적하는 타깃들을 선팔하자.

또 인스타그램은 관심사 기반 플랫폼이다. 해시태그로 콘텐츠를 묶고, 그 태그를 타고 같은 성향과 관심사를 가진 이들이 한 데 모여 커뮤니티를 형성할 수 있다. 자신이 지배하고자 하는 카테고리를 정하고 그 분야를 구축해보자. 인생이 희망차게 변한다. 전문 모델이 아닌 돈블리가 건강인, 방송인, 일잘러 등의 이미지를 구축해 학연, 지연, 혈연 하나 없이 보디 프로필을 찍고, 모델이 되고, 세계적인 남성 잡지 〈MEN'S HEALTH KOREA〉를 대표하는 첫 번째 'MH Girl'로 선정되었던 것처럼!

퍼스널브랜딩에는 '꾸준함'도 중요하다. 인스타그램에 올라간 콘텐츠는 시공간의 제약이 없다. 내가 자는 동안에도, 일하는 동안에도, 현장에 없어도 다른 사람들이 좋아할 만한 내 콘텐츠를 그들에게 끊임없이 노출시켜준다. 게시글 하나하나가 나 대신 쉬지 않고 일해주는 일꾼들이다. 이 얼마나 고마운 존재인가!

내가 생각하는 퍼스널브랜딩은 내가
말하는 '나'와 남이 말하는 '나'를 같
게 만들어가는 과정이다. 아니, 그렇
게 인식을 심어주는 일이다.

게다가 최근의 인스타그램 게시글은 게시글이라는 의미만으로 머물지 않는다. 그 모든 것들이 기록으로 남아 나의 가장 최근 이력서가 된다. 누가 그 이력서를 보고 있을지 모른다. 그러니 이 플랫폼을 내 미래를 빛나게 해줄 긍정적인 수단으로 삼아 마음껏 이용해보자.

가능성은 얼마든지 열려 있다. 모두가 각자의 분야에서 주인공이 될 수 있는 시대 아닌가! JUST GO! 주저하지 말고 그냥 가자. 일단 시작하자. 그리고 시작했으면 멈추지 말자. 될 때까지 해보자. 미래는 콘텐츠 크리에이터의 세상이다.

#퍼스널브랜딩
#목적 #포지셔닝
#게시물

목적을 분명히 하자

"제대로 한 게 없어 너무 늦은 건 아닌지 걱정돼요."

퍼스널브랜딩 컨설팅에서 인스타그램 얘기를 꺼낼 때 가장 많이 듣는 말이다. 무엇이 늦었다는 건지 구체적인 이유라도 들어 말해주면 좀 더 속 깊은 이야기를 나눌 수 있을 텐데 그저 무엇부터 해야 할지 모르겠는 막연함, 막막함을 '걱정'이라는 한 단어로 토해내는 것 같아 안타깝다.

생각해보자. 학교에 입학하면 우리는 입학식 날 반 아이들 모두와 다 친구가 될 수 있을까? 인사를 나누고 통성명했다고 친구라고 할 수 있을까? 학기 도중에 전학 온 친구는 어떨까? 남들보다 늦게 합류했으니 친구가 되기 어려울까?

만약, 그렇다면 이제 막 핸드폰을 갖게 된 초등학생

들에게 SNS는 따라잡을 수 없는, 도저히 넘지 못할 어른들만의 세계가 된다. 일찍 시작했다고 해서 이 시장을 선도한다면 SNS는 일찍이 '그사세', 즉 '그들만이 사는 세상'이 되어버렸을 것이다.

　SNS는 시작한 목적이 중요하다. 경로를 정했으면 일정한 시간과 노력을 투여해야 한다. 그러므로 너무 섣불리 정해서도 안 된다.

　돈블리 계정을 예로 들어보자. 이 계정은 금융상품 세일즈를 목적으로 탄생했다. 인스타그램을 전문적으로 배워본 적이 없어 초반에는 선팔하는 사람에게만 맞팔하면서 팔로워에게만 집중했다. 생각하면 할수록 그게 너무 아쉽다. 지금이라면 타깃을 정확히 잡고 그들을 먼저 팔로잉했을 텐데…….

　그렇다면 좀 더 자세히 얘기해보자. 돈블리의 타깃은 '금융상품을 주체적으로 가입할 수 있는 한국 사람'이다. 그런데 돈블리의 현재 3만 6천 명 팔로워들이 전부 초등학생이거나 외국인이라면 어떨까? 팔로잉해줘 너무나 고맙지만 '금융상품 가입'이란 목적에 맞게 상황이 흘러갈 가능성은 거의 없다. 별 도움이 되지 않으니 영양가가 없는 숫자다. 같은 학교, 같은 학년이라 얼굴은 매일 보지만, 관심사가 다르거나 어딘지 모르게 불편해 말 한마디 섞지 않는 그런 친구들처럼 말이다.

계정을 만들었다면 내가 왜 인스타그램을 시작했는지를 늘 염두에 두어야 한다. 굳이 먼 길을 돌아갈 필요는 없지 않은가! 그렇다고 다시는 방향을 바꿀 수 없다는 말이 아니다. 계정의 방향을 바꾸려 할 때 기존 계정을 폭파시키고 새롭게 만들어야 하는지에 대한 질문도 참 많이 받는다. 시대가 급변하다 보니 그런 사례가 많은 것 또한 사실이다.

세상 모든 것은 변한다. 사람도 살아가다 보면 누구나 변화하며, 그 과정을 통해 또 다른 성장을 이룬다. 인스타그램 계정도 마찬가지다. 나의 한 부분으로써 자연스럽게 모습을 바꿔 가면 된다. SNS는 나를 표현하는 도구일 뿐이다. 변화가 필요하다면 자신이 쓰고 싶은 모양대로 잘 조절해서 사용하면 된다.

어떤 일이든 늦은 때란 없다. 온라인과 오프라인을 굳이 구분할 필요도 없다. 오프라인 비즈니스도 온라인에서 영향력을 갖추어야 하는 시대다. 모두 사람이 하는 일

임을 잊어서는 안 된다. 무엇이든 시작해야 나눌 이야기도 있고 피드백도 받는다. 하다 보면 이전보다 나아진다. 그러니 시작하자. 다시 말하지만 늦은 때란 없다. 내 목표가 바로 섰는지, 진정성이 담겼는지 그리고 그것을 시작했는지가 중요할 뿐!

이젠 사람들이 TV보다는 유튜브에, 인스타그램에, 블로그에 머무는 시간이 더 많아졌다. 소셜 네트워크의 발달이 우리를 1인 미디어의 세계로 끌어들였다. 간혹 "전 미디어 정도까진 아닌데요?"라고 말하는 사람들이 있는데, 그렇지 않다. 그 어디든 단 한 명이라도 내 계정을 보고 있다면 인플루언서가 될 수 있다. 본인이 설정한 목적대로 그 한 명을 만족시킬 수만 있다면 곧 두 명이 되고, 백 명이 되고, 천 명이 되고, 만 명이 되고, 백만 명이 되는 순간이 온다. 그리고 인간이라면 누구나 팔로워 '0'부터 시작한다. 그 사실을 잊지 말자.

계정의 포지션을 정하자

인스타그램의 목적이 분명해야 한다고 했다. 어떻게 해야 분명해질까? 계정의 포지션을 정해야 한다. 인플루언서와 전문가 두 갈래 중 어떤 걸 선택할지 방향을 잡아야 한다는 뜻이다. 두 개를 무 자르듯 칼같이 나눌 수는 없으나 계정 주인은 분명히 구분해야 한다.

계정을 보았을 때 많은 사람으로부터 인기를 얻어 셀럽의 삶을 살며 광고 등을 받아 수익을 창출하는 인플루언서 포지션이 있다. 또 하나는 김미경 강사님처럼 지식 전달 커뮤니티를 형성해 사람들에게 유익한 정보를 주는 전문가 포지션으로 자리매김할 수도 있다.

사실, 돈블리 계정은 전문가 포지션을 잡고 출발했

다. 그런데 채널이 커지면서 자연스럽게 인플루언서 활동도 하게 된 케이스다. 이처럼 영향력이 커지면 경계가 모호해진다. 마음만 먹는다면 전문가도 인플루언서도 다 될 수 있다. 하지만 초반에는 콘셉트를 제대로 잡고 밀고 나가야 한다. 타깃을 정해 공략해야 한다. 그러려면 계정을 통해 무엇을 얻고 싶은지가 명확해야 원하는 결과를 빠르게 도출할 수 있다.

나를 알리는 모든 행위가 다 퍼스널 브랜딩이다. 사람들에게 내가 어필하고 싶은 '나'의 이미지를 확실히 심어주어야 한다. 이때 반복만큼 강력한 것은 없다. 추구하는 결 위에서 페르소나를 정하고, 이미 그 모습을 갖춘 사람들의 행동을 잘 살피며 내 콘텐츠를 지속적으로 노출해야 한다. 그것이 자신이 목표한 퍼스널 브랜딩을 향한 지름길이다.

그렇다면 한번 포지션을 정하면 끝일까? 아니다. 언제든, 무엇이든 다 수정이 가능하다. 돈블리 계정도 앞에 '@donvely_' 부분을 제외하고는 뒤의 단어나 숫자가 여러 번 바뀌었다. 돈블리 자체가 N잡러인 데다, 서로 연관 없어 보이는 다양한 분야에서 재능을 드러내는 폴리

나를 알리는 모든 행위가 다 퍼스널 브랜딩이다. 사람들에게 내가 어필하
고 싶은 '나'의 이미지를 확실히 심어주어야 한다.

매스 형이라 전문성을 어필하는 과정에서 나조차도 매우 큰 혼란을 겪었다. 모델, 보험설계사이자 강사, 필라테스 강사, 라이브커머스 쇼호스트, 퍼스널브랜딩 컨설턴트 등 한 분야에 집중하는 전문가라고 정의를 내리기에는 너무나 다양하게 일하고 있었기 때문이다.

당시에는 정체성까지도 의심할 정도였다.

'이게 곧 내 취약점 아닐까?'

고민하며 꽤 긴 시간을 혼자 끙끙 앓았다. 있는 그대로 나를 보여주는 매 순간순간이 걱정이었다. 하지만 그 순간을 지나고 나서 보니 그 걱정은 기우일 뿐이었다. 급변하는 세상 속에서 남들이 해보지 못한 경험과 그 과정을 통해 얻은 인사이트는 압도적인 경쟁력을 가진, 대체 불가능한 돈블리로 만들어주었다.

이것저것 너무 고민하지 말고 자신을 드러내자. 고민이 길어지면 용기도 줄어든다. 우선 실행하고 수정하면서 보완하자. 우리 주변에는 내가 성장하는 그 과정을 지켜보면서 신뢰를 쌓는 사람들이 분명 있다. 주저하지 말고 시작하자. 그게 곧 성장의 길이다.

아직 인스타그램의 갈피를 못 잡았다면 앞에서 말한

인플루언서와 전문가 둘 중 하나의 포지션을 정해 활동을 시작해보자. 악플이든 선플이든 귀한 관심이니 감사히 생각하며 줏대 있게 밀고 나가자. 바라던 현실이 생각한 그 이상으로 선물처럼 다가온다.

시작했다면, 멈추기만 두려워하라. 시행착오는 어떤 일이든 긍정으로 나아가는 밑거름이다.

게시물을 100개만 올려보자

인스타그램 컨설팅을 할 때 보면 사람들이 보통 이렇게 말한다.

"뭘 올려야 할지 모르겠어요."

"저는 특별한 게 없어요."

"제 일상은 너무나 평범해요."

하지만 이는 그들이 실제로 별 차이가 없는 사람들이어서가 아니라 누군가에게 나를 표현하거나 드러내 본 적이 없어서 나오는, 낯설어서 나오는 말들이다. 또 많은 사람이 보고 있고 공유가 쉬운 공간임을 알기에, 누군가가 어떻게 바라볼지 모르는 자신의 모습을 드러내기가 두렵고 부끄럽기 때문이다.

그럼 SNS를 활발하게 하는 사람들은 그런 마음이 없을까? 그렇지 않다. 원래 부끄러움이 없어서, 두려움이 없어서가 아니라 자꾸 드러내다 보니 더 자신감을 가지고 어필할 수 있게 된 것이다.

어떤 일이든 원래부터 잘하는 사람이 잘하는 게 아니다. 어색해도 부끄러워도 두려워도 포기하지 않고 계속 해보는 사람이 잘하게 된다.

나는 인스타그래머들의 레벨을 나눌 때 콘텐츠 게시물 수를 기반으로 한다. 예를 들어, 2023년 2월 15일자 돈블리의 게시물 수가 2,060개라면 레벨은 20단계가 된다. 왜 그렇게 나눌까? 간단하다. 게시물을 많이 올리는 사람이 인스타그램에 익숙하고, 이 툴을 잘 이용할 수 있으며, 콘텐츠를 올리는 데 거침이 없기 때문이다. 많이 하는 사람이 잘할 수밖에 없다. 그게 세상 이치다.

강의할 때 웃으면서 말하는 진담이 있다.

"게시글 0~99개 사이의 레벨 0이랑은 말 안 섞어요. 대화가 잘 안 통하거든요."

결과물이 있어야 피드백도 가능한데 이 레벨 상태의 사람들은 인스타그램 자체가 몸에 익지 않아 어색해한다.

그래서 강의 중에 간혹 그런 분들을 만나면 게시물 백 개 정도는 채워보고 오라고 말씀드린다.

인스타그램과 퍼스널브랜딩 컨설팅을 하는 강사지만 내가 모든 것을 해결해 줄 수는 없다. 99%는 스스로 익혀야 한다. 나는 '먼저 이렇게 열심히 해봤더니 이 길은 아니더라. 굳이 돌아가지 말고 방향을 이렇게 잡고 가는 게 훨씬 효율적일 것이다'라고 조언하는 정도일 뿐이다. 세상엔 그 어떤 정답도 없다. 인스타그램도 마찬가지다. 모두 각자의 게시물을 통해 기회를 얻게 된다.

혹시 레벨이 0인가? 주저하지 말고 자신과 관련된 콘텐츠 100개를 채워보자. 100개를 채우려면 고민도 많이 하고 스트레스도 받을 것이다. 안 하던 행동을 하니 당연하지 않은가! 그래도 이 과정을 완수하면 전보다 인스타에 익숙해지고, 보다 크리에이티브해진 나를 발견하게 된다. 어쩌면 깜짝 놀랄지도 모른다.

"나에게 이런 모습이 있었나?"

하면서 말이다. 또 시간이 지나 그 게시물들을 돌아봤을 때 '아, 이 당시엔 이런 생각과 감정이었구나'라면서 성숙해진 자신을 대견스러워할 수도 있다.

#퍼스널브랜딩
#목적 #포지셔닝
#게시물

세상에 나를 드러내 보자. 개인이 자신의 목소리에 힘을 실을 수 있는 시대다. SNS를 하기 전에는 몰랐다. 세상에 이렇게 많은 기회가 있는지, 나와 맞는 사람들이 이렇게 곳곳에 존재하는지, 나를 도와주고 내가 잘할 수 있도록 끌어줄 사람들이 얼마나 많은지 몰랐다. 아직 늦지 않았다. 각자의 속도로, 각자의 상황에 맞게 해보자. 정말 그랬으면 좋겠다.

100명의
꿈과 희망,
목표를
응원합니다!

박순명, 순화, 순정 잘 되는 것 ★ 장경진

돈 잘 벌어서 결혼하기 ★ 박순명

주변 사람 모두와 건강히 살기 ★ 김종렬

나만의 가정과 가게 만들기 ★ 박순정

보람되고 좋아하는 일하기 ★ 표성원

건강하고 행복하게 잘살기 ★ 박서연

선한 영향력을 주는 롤모델 ★ 진유림

좋아하는 것이 무리가 아닌 삶 ★ 김지희

월 순소득 오천만 원 ★ 이수민

준비된 사람의 부름에 답하기 ★ 장성민

항상 매력적인 사람이 되길 ★ 하영인

늘 든든한 울타리가 되는 사람 ★ 윤유선

월 1억 소득 행복 전도사 ★ 이은희

주님 보시기에 기쁨 되는 사람 ★ 김소현

반짝반짝 빛나는 나 되기 ★ 윤선희

사랑하는 사람과 행복한 삶 ★ 박현준

늘 겸손하고 감사하게 살기 ★ 왕승조

월 4천만 원 버는 보험 엄마 ★ 강현숙

늘 뜨거운 열정으로 성과 내기 ★ 김현진

작은 일에도 감사하며 살기 ★ 김동욱

용감하게 시작하고 꾸준하게 반복하기 ★ 김동섭

마음먹은 대로 해내는 사람 ★ 김지승

최선을 다해 긍정적으로 살기 ★ 최제성

바라는 건 모두 이뤄내는 사람 ★ 오시은

풍족하고 행복하게 사는 가정 ★ 최창환

가족 모두 건강하고 행복하기 ★ 이태양

배우고 행동하고 성취하는 가정 ★ 이대현

소중한 사람들 지킬 힘 갖기 ★ 장진호

나를 이겨내며 끝없이 발전하기 ★ 김성준

언제 어디서든 환영받는 사람 ★ 나승주

연봉 5억 네 자녀 육아맘 ★ 장혜영

도전, 성취, 주변 보살피기 ★ 김은영

매일 열정으로 행동하며 성장하는 사람 ★ 김예슬

도전하고 변화하고 성장하기 ★ 최은혜

박수받는! 늘 주인공처럼! ★ 박현영

매사 감사하며 행복한 가정 만들기 ★ 홍정표

뜨거운 열정으로 도전하는 삶 ★ 김은희

60세 전 월세 받는 건물주 ★ 이선미

연봉 1억 예의 바른 사람 ★ 모니카

어제보다 나은 삶 살기 ★ 재테크는 스크루지

W+ 행복 가득한 일들만 있길 ★ 허준연

빛나는 날들이 펼쳐지길 ★ 정영현

연봉 2억 달성 ★ 이충선

매 순간 감사하는 나 되기 ★ 박미영

좋은 운이 나에게 몰려오길 ★ 송은선

좋은 기운이 인산인해 되길 ★ 유경미

향기 나는 사람 되기 ★ 강현석

자본소득 월 1천만 원 달성 ★ 박서연

매일 성장하는 나 되기 ★ 곽한희

33살 MDRT 회원 되기 ★ 허지용

전국에 라이카 손해사정 알리기 ★ 김진구

20년 안에 부의 자유 누리기 ★ 김진성

미녀와 결혼하고 건강하기 ★ 이경호

못 받은 보험금 받아 드리기 ★ 박지현

손해사정업계 탑티어 찍기 ★ 노혜승

건강하고 행복하게 살기 ★ 백지헌

사랑하고 축복하는 삶 ★ 위하난

전 세계인이 사용할 제품 생산 ★ 조인우

어디서든 최고 되기 ★ 빈센조

함께 성장하는 빛나는 인생 ★ 박하연

함께하는 사람들 소망 이루기 ★ 임원우

대한민국 상위 1% 자산가 ★ 김예진

모두에게 필요한 사람 ★ 권재성

30대 MDRT 종신회원 ★ 한용찬

2024 THE 금융 대표 ★ 정솔

100억 자산가 ★ 정광수

30대 자가 마련 ★ 박정웅

함께하는 사람들과 행복하기 ★ 송진혁

가족의 자랑, 인정받는 아들 ★ 이강석

30인 법인사업체 대표 ★ 한준영

매력 넘치는 사람 ★ 문주영

아이들을 위한 학교 설립 ★ 김태민

100억 자산가로 봉사하는 삶 ★ 정소라

태어난 김에 잘 살기 ★ 손유미

나랑 주변인 모두 건강한 부자 되기 ★ 유다영

세계 100대 기업 대표 ★ 김도환

영향력 있는 CEO ★ 양소진

윤매와 함께하는 이들이 잘 되길 ★ 윤매

직원들과 함께 770억 자산가 ★ 장경빈

꿈을 이루어주는 사람 ★ 김준희

자기 전 마음의 짐이 없길 ★ 서안나

자랑스러운 아빠 되기 ★ 이주일

아름다운 삶을 살기 ★ 서정훈

끝까지 넘어지지 않기 ★ 이원재

우리 가족의 자랑 & 꿈 되기 ★ 한채희

함께할수록 행복한 사람 ★ 전태욱

34세 전 내 집 마련 ★ 유은선

선한 영향력을 주는 사람 ★ 권희연

가계 재무 전문 작가 ★ 고영훈

연소득 10억 사업가 ★ 박성민

축복이에게 멋진 아빠 되기 ★ 한상원

건강하고 재밌는 삶 ★ 곽경호

유튜브 보험신 구독자 10만 명 달성 ★ 보험신

엄청 큰 맛집 한식당 사장님 ★ 이은영

2032년, 캄보디아에 선교 학교 설립 ★ 주승훈

도움 되는 삶을 사는 사람 ★ 김지수

똑똑한 기버 되기 ★ 박석현

부동산 임장 여행 크리에이터 ★ 연대리

탄탄한 자산소득 파이프라인 구축 ★ 최유빈

현금 10억 부자 ★ 김나현

HUNDRED

핵심 행동·100번의 힘

헌드레드

초판1쇄 발행 2023년 4월 15일

지은이 박순화
펴낸이 정광진

펴낸곳 봄풀
디자인 모아김성엽

신고번호 제406-3960100251002009000001호
신고년월일 2009년 1월 6일

주소 주소 경기도 고양시 일산동구 숲속마을2로 141
전화 031-955-9850
팩스 031-955-9851
이메일 spring_grass@nate.com

ISBN 978-89-93677-82-9 13320